LOCH BHRACADAIL
SGIRE DHUIRINIS
anns an
EILEAN
SGIATHANACH

teal Dhùn-bheagain

-n-bheagain

on Mòr

an t-Sàile

Sgoil
Bhatain

Fèorlaig

An Cadha Ruadh

Am Baile Meadhonach

Ròag

Alacrò
Hèarrlais

Sgeir
a'
Chugin

Os

Rubha
na Lice
An Camas Ban

An Sgeir
Dubh
Sgeir an Aiseig

An
caolas

Eilean
Tàirnear

Eabost

Uilinis

An Sruthan

Do Phort-rìgh

Eilean Hèarrlais

Rathad do
Shligeachan
agus do
Chaol Acainn

Camas
an
Eilein

Eilean
Bhuidheaidh

Eilean
Orasjidh

Loch
Beag

Idrigil

An Sgeir
Rapach

Port
nan
Long

DRINOCH

SATRAN

Bhràcadail

Fiosgabhaig

CARBOST

Rubha nan Clach

Aonghas Mac-a-Phi
1981

Camas Thalasgair

CUNNARTAN CUAIN

CUNNARTAN CUAIN

AONGHAS MAC-A-PHI

Na dealbhan
leis an ùghdar

C. MACDHOMHNAILL
1981

LAGE (ISBN) 0 904265 59 5

Air fhoillseachadh an 1981 le
C. Macdhòmhnaill
Macdonald Publishers
Edgefield Road, Loanhead, Midlothian

Chuidich an Comunn Leabhraichean
am foillsichear le cosgaisean
an leabhair seo.

Air a chlò-bhualadh le
Macdonald Printers (Edinburgh) Limited
Edgefield Road, Loanhead, Midlothian

Clàr-innse

Roimh-ràdh

Ged a tha na tha air aithris anns an dà eachdraidh seo a'
gabhail àite anns an aon cheàrn de'n Eilean Sgiathanach—
Sgìre Dhiùirinis, agus gu h-àraidh Loch Bhràcadail—agus a
dh'aindeoin gu bheil iad le chéile fìor, 'se bròn-chluich no
tragedy a th'anns a' cheud té agus 'se àbhachd no *comedy* a
th'anns an dara té.

The dealbh-dùthcha air a tharraing airson ainmean nan
àitean annta a dhèanamh soilleir dhuibh; oir ged a bha aon trì
fichead bliadhna a' sgaradh an dà thachartas, cha do
dh'atharraich mar a dh'ainmichte gach sgeir, creag, gob is
rubha anns an ùine sin, is cha do dh'atharraich fhathast.

Bu mhiann leam gum biodh an leabhar seo
'na chuimhneachan air mo sheanmhair,
ris an canadh muinntir a' bhaile Mór Aonghais
ach air an robh ''Nessie'' aig a teaghlach fhéin.
B'ise a thug orm seo a sgrìobhadh.

Bàthadh Chlann-a-Phì

1

'Se latha pàigheadh màl an fhearainn a bh'ann, 'san t-Samhainn anns a' bhliadhna 1889. Latha fuar, greannach-glas le frasan chlach-mheallain agus coltas sneachda air a' Chuilthionn. Bha cuid de na fir anns a' bhaile ag ullachadh airson a dhol sìos gu Dùn-bheagain leis a' mhàl, gu oifis bàillidh MhicLeòid, ann an Sgìre Dhiùirinis anns an Eilean Sgiathanach.

Bhiodh MacLeòid fhéin aig an oifis an diugh, agus air sàilleabh sin bha gach croitear is gach fear eile a bha'n dùil tachairt ris an uachdaran ga chòmhdach fhéin 'san deise a b'fheàrr a bh'aige. Mar a bu trice, b'e sin deise thiugh, chlò-Hearach, i cho garbh ris an fhraoch fhéin le mì-chomhfhurtachd, ach gu math freagarrach blàth a dh'aindeoin sin airson latha de'n t-seòrsa seo. Bha cuid dhiubh aig nach robh deise idir, ach briogais ghorm chùrainn, a bhiodh na h-iasgairean 's na maraichean a' cleachdadh, le peitean mór gorm, no glas, agus ceap mór farsaing clò. Bhiodh cuid le brògan daingeann, tacaideach, is bhiodh cuid eile le brògan leibideach gun chàradh, oir cha robh an t-airgead ann airson feadhainn ùra.

Cha robh croitearan Sgìre Dhiùirinis ach bochd, mar a bha a' chuid a bu mhotha de chroitearan an latha sin anns an Eilean Sgiathanach agus anns na h-Eileanan Siar air fad.

Cha robh na croitean fhéin ach bochd cuideachd, le fearann tana, gun doimhneachd spaide gus an tigeadh tu air a' chreig. Ma bha spréidh aca, 'sann caol is mì-choltach a bha iad gu tric, oir bha móran de na croitean fo luachair is fo raineach, is cha robh lòn geamhrachaidh ro phailt airson beathaichean a chumail an òrdugh math nam biodh fìor dhroch shìde aca.

Cockle Street

2

'Sann air Heàrrlois a bhios mi bruidhinn—baile beag chroitearan air rubha ann am meadhon Loch Bhràcadail. Chan eil barrachd air deich thar fhichead de thaighean ann an diugh, is tha mi'n dùil nach robh móran eile ann aig an tìm air a bheil mo sgeul—ged a chuala mi uair mo sheanmhair ag innse mu shreath de thaighean ris an canadh iad "Cockle Street," a b'àbhaist a bhith shìos aig cladach Alacro, air a' chroit far a bheil m'athair an diugh. An e nach robh annta ach coitearan, aig nach robh croitean fhéin, is iad tric a' tighinn beò air maorach na mara? Có aige a tha brath? Ach tha làraichean is tobhtaichean an siud fhathast, agus ri taobh gach té aca tom de shligean maorach a' chladaich.

Anns na làithean seo fhéin, 's gach nì cho pailt (ged a bhios sinn a' gearain), nach tric a bhios daoine a' smaointinn air ciamar idir a bha an sinnsirean a' tighinn beò. Bha na teaghlaichean mór is bha a' bhochdainn air gach taobh. Cha robh guth air obraichean agus air pàighidhean móra. Cha robh móran airgid am pòca nam fear airson rud sam bith nach robh riatanach. Bha a h-uile bean-taighe a' dèanamh mar a b'fheàrr a b'urrainn dhi, ach chan ann tric a bha i a' dol a chosg airgid ann am bùtha.

Tha iomadh bodach is cailleach beò an diugh fhathast a bha eòlach gu leòr air an t-seòrsa bochdainn a bha cumanta 'sna bliadhnaichean mu dheireadh de'n linn a dh'fhalbh; agus ma bhruidhneas tu riutha mu dheidhinn an t-seòrsa bìdh a bha iad ag ithe nuair a bha iad beag, tuigidh tu gur ann a' tighinn beò air an fhearann is air biadh na mara a bha iad. . . . Bha teaghlach mo sheanar fhìn ann aon duine deug air fad, agus cha robh aca ach na bheireadh mo sheanair as a'

13

mhuir, oir 'se iasgair a bh'ann, le croit bheag a bheireadh dhaibh coirce is càl, snèip is buntàta, bainne is uighean. 'Se glé bheag a bharrachd air sin a bha iad ag ithe, ma bha aca ri cheannach. Ach cha robh nì ceàrr air an t-seòrsa bìdh sin— 'sann a dhèanadh e feum mór do dh'iomadh duine 'san latha seo fhéin nan robh e ag ithe biadh cho math 's cho fallain ris, seach biadh nan cragan agus an liuthad biadh ro mhilis a bhios daoine ag ithe an diugh.

Ciamar a chòrdadh e ruib' fhéin *menu* de'n t-seòrsa seo, mar a bha'n taigh mo sheanar bho chionn trì fichead bliadhna air ais?

A' cheud rud 'sa mhadainn ('s bhiodh e 'g éirigh gu math tràth), bha mo sheanair a' dèanamh bròs de mhin-choirce dha na gillean. Tha cuimhn' agam fhìn air a' bhròs seo; oir bha sinne, na h-oghaichean aige, gu math déidheil air cuideachd, is tha fhathast. Chuireadh e làn a dhùirn de mhin-choirce as a' ghràinealair ann an cupa, no an cuaich, le sadan salainn agus drudhag de dh'uisge goileach. Bha a h-uile cuach an uair sin ga càradh air oisinn an stòbha dhuibh. Nuair a bha toiseach goil air a' bhròs, bha e'n uair sin a' cur làn spàinn de shiùcar no de shiorap mhilis air uachdar. Bha seo a' leaghadh sìos dha'n mhin, agus nuair a bha e greis air goil, bha e deis ri ithe. 'S dòcha nach robh ann ach leth-dusan spàinn leis a' bhainne, ach b'e siud bracaist cho math 's a dh'ith duine riamh a bhiodh a' dol gu muir, no a' falbh air a' mhonadh; is mhaireadh e fad na maidne. 'S tric a bhios mi fhìn ga dhèanamh fhathast, 's gu dearbh 'se tha blasda 's chan e na *Corn Flakes*.

An déidh cuach bhròis, bhiodh iad a' gabhail pìos bonnaich-fuine, agus 's dòcha càise air muin ìm saillte, le glainne de bhainne 's e tiugh le uachdar. Ma bha iad ag iarraidh ugh, bhiodh sin ann cuideachd. Cha robh duine a' dol a-mach acrach co-dhiùbh.

Cha robh an tì cho pailt 'sna làithean ud 's gum biodh strùpag aig na cailleachan cho tric 's a tha i aca an diugh. Cha bhiodh an teaghlach a' faotainn tì ach air Latha na Sàbaid, is bha seo 'na annas dhaibh. Nach ann air muinntir an àite a thàinig an dà latha?

Ach ged nach robh cothrom aca a bhith a' faotainn nithean a tha cho soirbh dhuinne an diugh, bha gu h-àraidh mìlsean beaga aca do chloinn a bha air leth blasda. Tha cuimhn' agam fhìn, nuair a bha mi beag bìodach, a bhith faighinn bho mo sheanmhair pìos de dh'aran geal, no pìos bonnaich, air a bhogadh dha'n mhias uachdair 's e air a chàradh an uair sin dha'n chuaich shiùcair! . . . Cha robh leithid siud, na b'fheàrr, no cho milis ris, airson pàisde an àite air an t-saoghal. 'Sann a tha e a' toirt blas 'nam bheul fhathast a bhith a' smaointinn air.

Bha iasg de gach seòrsa pailt 'sna làithean sin, agus gaisgich threuna ann a rachadh g'a lorg ge b'e idir sìde a bh'ann. (Cha téid iad a-mach an diugh mur bi "fèath nan eun" ann.) Bha sgadan ùr aca, is sgadan saillte, adagan brèagha is liughannan, saoitheanan is gealagan, bric is bradain. Cha robh cion éisg de gach seòrsa air luchd a' bhaile, is cha robh cailleach no bantrach anns a' bhaile as aonais a cuid dheth, ge b'e có aige a bha'n t-iasg. Bha crùbagan is giomaich gan glacadh cuideachd; ach ged a bha iad ag ithe nan crùbagan—agus bu mhath iad— bha luach anns na giomaich, 's bha iadsan a' faotainn airgid dha na h-iasgairean airson tombaca no airson drama. 'Se sin mur biodh a' bhean-taighe ag éigheach airson rudeigin eile air an robh barrachd feum— is tric a bha!

Bhiodh mo sheanmhair a' cur air a' bhòrd, feasgar, dà mhias mhór làn buntàta bruich, is bhiodh an teaghlach mór aice a' dol an greim an seo. 'S dòcha gum biodh iasg aca cuideachd, no pìos feòil-chaorach, no cearc; ach bhiodh uairean ann nach biodh leis a' bhuntàta ach ìm is càise. Bu mhath e cuideachd, le cuach de bhainne fuar. Bha aran-coirce ann cuideachd, is e cruaidh, blasda le ìm saillte is gruth.

Mus gabhadh an taigh gu fois air an oidhche 'se brochan a bhiodh iad a' faighinn. Chan e "brochan lom sùghain" an òrain, ach brochan tiugh, 's e cho teth 's a ghabhadh iad e,

Dà mhias mhór làn buntàta bruich

ann an truinnsear no ann an cuaich. 'San t-seann dòigh, bha iad a' cumail a' bhainne ann an cuaich eile, is chan ann ga dhòrtadh air uachdar a' bhrochain.

Tha boireannaich Alba an diugh air dìochuimhneachadh ciamar a bha iad a' dèanamh iomadh seòrsa bìdh blasda 'sna làithean sin; ach bha a' mhuir fhéin agus an tràigh gu feum mór dhaibh ma bha iad eòlach air far an robh biadh ri fhaotainn. Bhiodh mo sheanmhair a' dèanamh càl-duilisg is

16

carraigean bho fheamainn a' chladaich. Bhiodh iad cuideachd ag ithe iomadh maorach eile, mar a bha faochagan, bàirnich, muirsgian is mar sin. Chan ann le prìne, cleas mhuinntir Lunnainn, ach a' bruich na muirsgein no a' mhaoraich eile an toiseach, 's an uair sin ga shadadh ann am min-choirce, ga chur air an teine ann am friochdan le ìm, 's ga ròstadh. Nach toireadh a bhith smaointinn air srùthladh air d'fhiaclan!

Bha bainne na bà a' toirt dhaibh, a bharrachd air iad a bhith ga òl, uachdar tiugh, ìm ùr, ìm saillte, gruth bainne-milis, gruth bainne-goirt, slaman, càise, stapag. . . . An do dh'ith sibh riamh stapag? Làn an dùirn de mhin-choirce air a bogadh ann an uachdar le siùcar. Mur do dh'ith—feuchaibh e!

'Sann fìor uair ainneamh a gheibheadh clann (no càch cuideachd) suiteas, ach bhiodh na boireannaich a' dèanamh iomadh rud math ri ithe anns am biodh siùcar no mil. Cha robh iad tric a' faicinn ùbhlan no orainsearan, no meas de'n t-seòrsa a dùthchannan céine; ach bha dearcan ann an corra ghàradh is bha corraichean-mhitheig ghorma air na monaidhean 'nam pailteas gach samhradh, 's iad fìor mhilis cuideachd.

Bha biadh gu leòr aca de'n t-seòrsa bh'ann, ma bha iad dìleas a dhol as a dhéidh, agus biadh math cuideachd. 'Se daoine slàna, taitneach a chaidh a thogail air feadh na Gaidhealtachd air an t-seòrsa bìdh sin—daoine treuna a sheasadh ri iomadh cruadal, agus gu dearbh bha sin aca ri dhèanamh.

Ach tha mi a' falbh mar ghocan na gaoithe, agus 's fheudar dhomh tilleadh gu mo sgeul.

17

3

Aig an àm seo bha mo sheanair, Aonghas Mac-a-Phì (air a bheil mi fhìn air m'ainmeachadh), mu shia bliadhn' deug a dh'aois. Bha athair, mo shinn-seanair, 'na dhuine mu leth-cheud bliadhna dh'aois, le bean agus teaghlach—ceathrar bhalach—is e a' dèanamh a bheòshlaint air beagan iasgaich agus na bu lugha de chroitearachd. Bha e cuideachd ri cìobaireachd, thall ud an Eilean Bhuidheaidh, oir bha e a' faotainn beagan pàighidh airson seo; agus bha dachaigh aige air an eilean ged a bha e gu math aonaranach, 's gun duine ann ach iad fhéin.

Bha na balaich, mar chleachdadh nan daoine, air an ainmeachadh air an càirdean fhéin. Mar sin bha Tormod, a' cheud fhear, a bha ruidhteach, ruadh 's air an tug iad Tormod Ruadh; 's bha Iain no Seonaidh air ainmeachadh air athair fhéin; 's bha Alasdair agus Aonghas ann. Bha na daoine an uair sin na b'fheàrr air sloinneadh na tha iad an

Bha e gu math aonaranach

18

diugh, agus bheireadh mo shinnsireachd sloinneadh dhomh fhìn—gur mise Aonghas Dhòmhnaill Aonghais Iain Thormoid. 'Se Mór, no Mórag, a b'ainm do bhean Iain; agus 'se ban-Fhearghastanach a bh'innte mus do phòs i. Sin mar a bha, ma-ta. Bha Iain Mac-a-Phì a' fuireach an siud am bràigh a' chladaich aig Camas Eilein Bhuidheaidh, no Camas na h-Eiginn mar a theireadh iad ris aon uair, an taobh seo de Gheodha nam Faochag, le bhean 's le cheathrar mhac, 's le chaoraich air feadh an eilein. Chan eil an t-eilean beag idir, agus 's fheudar leam-sa gu robh grunnan chaorach aige ri bhith frithealadh orra. Chuir e gràin a bheatha de chaoraich air Aonghas co-dhiùbh, oir mar as cuimhne dhomh-sa mo sheanair anns an fhichead bliadhna a b'aithne dhomh e, 'se iasgair a bh'ann gu chùl; agus cha robh idir, idir ùidh aige 'sa chroitearachd no am beathaichean—gu h-àraidh caoraich.

Mar a bha na gillean seo a' fàs suas, bhiodh Iain 's a bhean a' faicinn nach robh air thoiseach orra ach beatha chruaidh-obrach 's gun dad air a shon, coltach riutha fhéin. Tha mi cinnteach gu robh iad le chéile a' feuchainn an dìchill ris cho math 's a b'urrainn dhaibh a dhèanamh dha na balaich.

Cho fad 's as fhiosrach mi, cha d'fhuair Tormod Ruadh, a bu shine, cothrom air a dhol dha'n sgoil agus ionnsachadh sam bith fhaotainn air leughadh, sgrìobhadh no cunntas—bhiodh feum air aig an taigh 'na fhear-obrach cuide ri athair; agus bha Iain, an t-athair, gu math tric 'na laighe le tinneas an t-sac, no *asthma* mar a their iad 'sa Bheurla. Bha an luathas-analach seo 'na dhroch thinneas air Iain fad a bheatha, is cha robh e a' dol dad na b'fheàrr mar a bu shine a bha e a' fàs. Ach ged nach d'fhuair Tormod sgoil leabhraichean, fhuair e sgoil gu leòr eile. Mar a thuirt bodach rium fhìn aon uair: "Tha mi cluinntinn gu bheil thu fhéin a' dol gu ruige Oilthigh an Glaschu. Bha mise cuideachd ann an Oilthigh—Oilthigh a' chaitheimh-beatha." 'Sann mar sin a thachair do Thormod, agus tha móran air an t-saoghal seo

19

nach gabh ionnsachadh a leabhar. Dh'fhàs Tormod suas gu bhith 'na iasgair grinn, agus chan fhacas treabhaiche riamh le eich a ghearradh sgrìob cho dìreach ris.

Chan eil fios agam an d'fhuair Seonaidh no Alasdair cothrom a dhol dha'n sgoil na bu mhò, ach 's fheudar gu robh sgoil aig Alasdair co-dhiùbh, oir nuair a dh'fhàs e suas 'na dhuin' òg 'sann dha'n Arm a chaidh e. 'Sann ri pìobaireachd a thug e an sin, agus bho'n a bha e math air ceòl bha e mu dheireadh 'na àrd-phìobaire 'san reisimeid aige fhéin. Nuair a dh'fhàg e an t-Arm rinn e le a theaghlach air Astrailia, far an do chuir e seachad dà fhichead bliadhna, gus an do thill e dhachaigh cuide ri bhràthair, Aonghas, ann a Heàrrlois nuair a bha e còrr is ceithir fichead bliadhna dh'aois.

Ged nach eil mi cinnteach mu chàch, tha mi cinnteach mu Aonghas, oir 'se fhéin a dh'innis seo dhomh bho chionn iomadh bliadhn' air ais.

Bho'n a b'e a b'òige, 's fheudar gun do rinn iad uile na b'urrainn dhaibh airson Aonghas a chur dha'n sgoil. Cha robh an sgoilearachd glé fhada, oir cha d'fhuair e ach dà bhliadhna de theagasg uile-gu-léir—o bha e dusan bliadhna gus an robh e ceithir bliadhn' deug a dh'aois.

Bha an aon sgoil anns an àite ann a Bhatan, aig Ceann an t-Sàile, bun Loch Bhràcadail; agus bha clann nam bailtean beaga a' dol an seo airson foghlam fhaotainn ann an leughadh, sgrìobhadh is cunntas. Bha dà sheòmar anns an sgoil, agus 's dòcha suas ri dà fhichead no leth-cheud sgoilear. Chaidh clann a Ròag, Bhatan, Heàrrlois is Feòrlaig agus as a' Bhaile Mheadhonach dha'n sgoil seo ri linn mo sheanar 's ri linn m'athar; is chaidh mise mi fhìn dha'n aon àite 's gun móran de dh'eadar-dhealachadh air o làithean mo sheanar. Tha e ann fhathast cuideachd, agus tha oghaichean clann mo sheanar a' dol ann a-nis. Tha iadsan air an toirt ann an an carbad a h-uile latha, is tha iad a' faotainn dinnear aig meadhon-latha agus sgoil 's gach nì an asgaidh. Ach 'sann eadar-dhealaichte a bha cùisean ann an làithean òige mo sheanar.

A h-uile madainn Di-luain, bha Aonghas a' fàgail Eilein Bhuidheaidh ann an geòla 's a' dèanamh air a' Chamas Bhàn, acarsaid Heàrrlois. 'Se deagh astar a bha seo air latha

. . . mar bu trice 'se fàd mòna a bhiodh ann

brèagha, agus turas cruaidh air latha fuar, fliuch. Bha aige, nuair a ruigeadh e, ri falbh cuide ri clann eile a' bhaile a-null am monadh no air an rathad-chartach chun na sgoile. 'S dòcha gu robh leabhar aige fo achlais, ach mar bu trice 'se fàd mòna a bhiodh ann airson teine seòmar na sgoile. Bhiodh

21

bonnach aige cuideachd, agus 's dòcha pìos de chàise airson a dhìnneir.

Chan eil fios agam gu dé an seòrsa teagaisg a bha a' chlann a' faotainn an uair sin; ach gu dearbh, fad a bheatha, sgrìobhadh mo sheanair litir mhath naidheachdail, le deagh làmh-sgrìobhaidh, 's cha bhiodh gearain air gràmair no rud eile. 'S fheudar cuideachd gun d'fhuair e teagasg mhath an cunntas, oir bha e ainmeil 'san dùthaich nach d'rachadh duine thairis air 's iad a' reic no a' ceannach bhuaithe. Bhiodh fear-ceannach nan giomach a' feuchainn ri char a thoirt a Aonghas, ach cha d'fhuair e riamh buaidh air.

Feasgar, nuair a bha an sgoil seachad airson an latha, choisicheadh e cuide ri chompanaich na trì mìle dhachaigh gu Heàrrlois, far an robh e a' fuireach ann am bothan beag tughaidh faisg air an taigh aig cailleach a bhiodh a' toirt dha truinnsear brot, no cuach bhainne, no bonnach. Bhiodh e fhéin ag iasgach feadh na seachdain airson dinneir; agus air feasgar Di-haoine bha e a' dèanamh dhachaigh a-null an loch gu Eilean Bhuidheaidh.

'Sann aige fhéin a bha urram ann am foghlam agus ann an sgoilearachd.

4

An déidh greise, fhuair Iain croit ann a Heàrrlois. Tha mi
de'n bheachd gum b'e croit athar fhéin a bha seo, no gu robh
i le cuideigin a bhuineadh dha co-dhiùbh. Chan eil cinnt
agam có aca, ach chan eil sin gu móran difir. Bha Clann-a-
Phì air a bhith anns an àite seo bho chionn iomadh linn, agus
a-nis dh'fhàg teaghlach Iain Eilean Bhuidheaidh agus thàinig
iad a-nall a dh'fhuireach ann a Heàrrlois.

'Se ainm neo-Ghaidhealach a th'ann a Heàrrlois, is chan eil
sin 'na iongnadh, oir tha a' chuid as motha de dh'ainmean na
sgìre seo a' buntainn do chànan nan Lochlannach. Tha mi a'
tuigsinn gur e àite a bh'ann a Heàrrlois far am biodh daoine
a' lasadh teine air creig, coltach ri tigh-soluis, far am faicte
e mìltean a-mach air cuan.

Tràigh bhàn aig a' chaolas

5

'Se loch mór leathainn a th'ann an Loch Bhràcadail, 's e fosgailte ri cuan domhain eadar an t-Eilean Sgiathanach is eileanan eile mu dheas. Air aon taobh, aig beul an loch, gheibhear Rubha Idrigil agus stacan Mhaighdeanan MhicLeòid. Air an taobh eile tha Rubha nan Clach, a-mach bho Thalasgair (ainm a chithear an diugh nas trice air botal uisge-bheatha). An taobh a-staigh de'n loch tha na h-uibhir de dh'eileanan, ach tha trì dhiubh sin cho mór 's gum b'àbhaist daoine a bhith fuireach orra, ged nach eil annta ach caoraich an diugh. 'S iadsan Eilean Tàirnear, nan uamhan dorcha; Eilean Bhuidheaidh, fada, ìosal; agus Eilean Heàrrlois, far am bi na sgairbh 's na faoileagan a' neadachadh 's far a bheil tràigh bhàn aig a' chaolas eadar e is Rubha Heàrrlois agus, mar as trice, ròn no dhà ag iasgach no a' gabhail na gréine.

A bharrachd air na h-eileanan sin, tha móran de sgeirean 's de chreagain 's de dh'eileanan beaga eile. Chan e Loch Bhràcadail àite idir airson bàta mór a tharraingeadh dad de dh'uisge, no bhiodh i an cunnart i fhéin fhàgail air fiaclan nan sgeirean.

Ach ged a tha'n loch cunnartach do longan móra mar seo, tha e cuideachd 'na àite fìor mhath airson éisg—gu h-àraidh iasg sligeach mar a tha an giomach is a' chrùbag. Tha iadsan a' lorg chreagain bheaga 's sgeirean, far am faigh iad a bhith a' falach bho na nàimhdean anns an fheamainn. Tha iad cuideachd déidheil air a bhith a-measg gainmhich bhuig, far am faod iad biadh gu leòr a bhith aca. 'Se an giomach a bhiodh iasgairean an àite riamh a' sireadh le cléibh, oir bha—is tha—prìs mhath air aig féillean mu dheas 's an

24

Sasainn. Ach gu dé idir a shaoileadh na laoich sin an diugh a bhith a' faicinn ghiomaich Loch Bhràcadail gan cur air itealain-adhair airson dìnnear a thoirt do Fhrangach am Paris an ath oidhche, air prìs a bha air teaghlach mo sheanar a chumail beò fad bliadhna? Is na giomaich bheaga, thana eile ris an abrar *prawns*—nach iad a chuireadh an t-iongnadh air iasgairean Loch Bhràcadail an linn mo sheanar, 's iad cho prìseil ris na giomaich fhéin an diugh?

Ach cha robh guth aig Clann-a-Phì air *prawns* 'sna làithean ud.

Ma bheir sibh sùil air dealbh-dùthcha de na h-Eileanan Siar, chì sibh gu bheil Loch Bhràcadail fosgailte, mar sporan, ris an deas 's an iar-dheas. Seo an ceàrn as a bheil a' ghaoth as trice a' tighinn againn. Mar a tha'n seanfhacal ag ràdh: "Gaoth o'n deas, teas is toradh.'' Tha seo fìor gu leòr, ged nach eil an seanfhacal a' toirt guth air gu bheil a' ghaoth seo fìor mhath cuideachd air stoirm dhearg agus uisge a thoirt dhuinn. Ach ged a bhios a' ghaoth deas mar sin uairean, tha i cuideachd math air iasg a tharraing dha'n loch. Ged nach eil an sgadan cho tric ri fhaicinn air cladaichean Loch Bhràcadail an diugh, cha b'ann mar sin a b'àbhaist.

Chan fhaca mise a leithid seo riamh, ach 's tric a chuala mi mo chàirdean a' bruidhinn air cho pailt 's a bhiodh an sgadan—'s deagh fheum aca fhéin air. Bhiodh e a' falbh a' cluich 'na chnapan cho tiugh 's gum biodh gach anam 'san àite uile shìos air a' chladach a-measg na feamad le miasan, peilichean, pocannan is baraichean-cuibhle—rud sam bith a chumadh iasg—'s an sgadan a' leum 's a' breabadh mu'n casan anns a' mhol is anns a' ghainmhich. Bhiodh a h-uile long is sgoth is geòla anns an àite a-mach le lìn a' sguabadh suas an luchd phrìseil seo. 'Se bha math ri ithe 's e ùr mar seo, ach bha agus tha na Gaidheil nas eòlaiche air an sgadan a shailleadh. Cha bhiodh acras air an tuath fad a' gheamhraidh aon uair 's gu robh an sgadan air a sgoltadh 's air a ghlanadh, is an uair sin air a chàradh am baraille le picil mhath de shalann garbh. Gu dé b'fheàrr na e an déidh mìos no dhà 'san t-salann, cuide ri buntàta bruich is deoch bhainne? Cha b'iongnadh ged a bha na daoine treun.

Seo, ma-ta, an seòrsa àite anns an robh Iain Mac-a-Phì a' togail an teaghlaich aige, a' dèanamh cho math 's a b'urrainn dha air iasgach 's a' cumail beagan spréidh is caora no dhà air croit bheag, le beagan buntàta agus coirce. Àite iomallach gu leòr, ach àite sona cuideachd.

Tha mi làn-chinnteach gu robh a dhraghannan fhéin aige— có aige nach robh? Ach tha mi de'n bheachd gu robh e

Bha a dhraghannan fhéin aige

toilichte gu leòr cuideachd a dh'aindeoin iomadh cruadal, oir bha bean thapaidh aige a thug dha ceathrar bhalach treun, ged nach robh tochar aice a' tighinn thuige. Bha cuideachd eathar mhath aige, shìos ud aig a' chladach, a bheireadh dha cothrom iasgaich. Cha robh an saoghal mór a' cur cus dragh air, oir cha b'ann tric a chitheadh e pàipear-naidheachd, 's bha e toilichte gu leòr ma bha sìth ann a Heàrrlois, ged nach robh móran dhith an àitean eile. Dh'fhaodte, an diugh, gun abrar nach e rud ceart a bh'ann do dhuine a bhith cho neo-chùramach mu staid dhaoin' eile an t-saoghail mhóir; ach

26

cuimhnich nach robh an saoghal aca-san ann a Heàrrlois ach beag seach mar a tha e'n diugh againne. Bha a h-uile duine a' coimhead ris fhéin 's gun e a' gabhail gnothach ri duin' eile, ach ma bha cobhair a dhìth air. Saoileam fhìn gum b'iadsan a bha ceart, 's gum bitheamaid fada na b'fheàrr dheth an diugh cuideachd nan gabhamaid leasan bhuapa. 'S tric a thuirt mo mhàthair rium 's mi beag, "An rud nach buin dhuit, na buin dha." Tha mi deimhinn gu robh sìth is fois aig Iain mo shinn-seanair 'na inntinn nach eil idir aig muinntir an àite suas ri ceud bliadhna as a dhéidh.

Ach air ais gu latha pàigheadh a' mhàil.

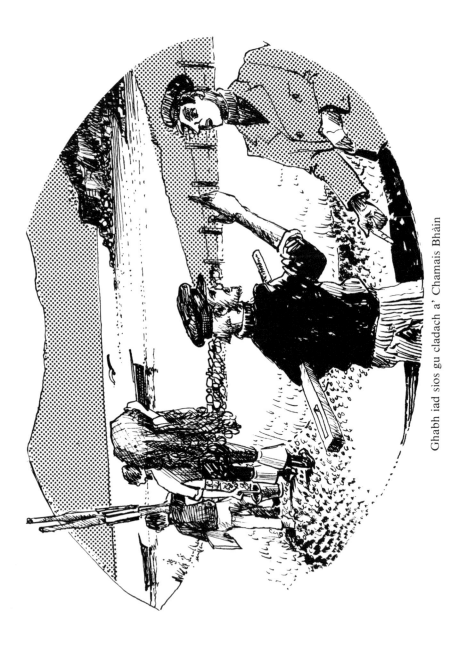

Ghabh iad sìos gu cladach a' Chamais Bhàin

28

6

Bha coltas feasgar an latha roimh seo, le sùlairean 's le faoileagan a-muigh aig Rubha Idrigil, gu robh an sgadan a' tighinn a-staigh. Chuir Iain roimhe nach d'rachadh e idir sìos do Dhùn-bheagain a phàigheadh màil, ach gun cuireadh e Tormod sìos 'na àite.

Nochd a' mhadainn fuar, is bha frasan uisge 's flinne-sneachda ann aig beul an latha. Bha'n loch sàmhach, sìtheil gu leòr, 's gun deò bheag gaoithe ann. Shaoil Iain gum b'e an sgadan fhéin a bu riatanaiche na bàillidh MhicLeòid, is thug e airgead a' mhàil do Thormod an déidh a bhracaist.

Dh'fhalbh Tormod gu sona cuide ri fir eile a' bhaile, 's iad a' dèanamh air Dùn-bheagain. 'Se latha saor a bha seo dha-san.

Rinn Iain is Seonaidh is Aonghas na lìn deiseil, is ghabh iad sìos gu cladach a' Chamais Bhàin.

Mus do dh'fhàg iad an taigh, chaidh Aonghas a-mach chun a' bhothain far an robh iad a' cumail a h-uile uidheam iasgaich. Bha e tuilleadh is òg is ro bheag fhathast airson gu faigheadh e paidhir de bhòtannan-móra iasgaich, agus bha e airson bòtannan Thormoid fheuchainn an latha ud. Ach bha iad ro mhór dha, 's ro throm, is dh'fhàg e an sin iad.

Coltach ri iasgairean an t-saoghail air fad, cha robh dachaigh Chlann-a-Phì ro fhada air falbh o'n tràigh. Bha camas beag shìos ud, le acarsaid mhath, far an robh iad a' cumail gach bàta 'sa bhaile. B'e seo an Camas Bàn, oir tha gainmheach bhrèagha bhàn air fheadh, is mol beag air an tràigh nach dèanadh cron sam bith air bàta nuair a bhiodhte ga tarraing. Fhad 's a bha Iain a' cur nan lìon air dòigh shuas am bràigh a' chladaich, chaidh Seonaidh agus Aonghas sìos gu beul na mara leis a' gheòla bhig, agus shlaod iad a-mach dha'n t-sàl i.

Chaidh Aonghas gu na ràimh, 's thug Seonaidh put math dhi a-mach o'n phort, oir bha esan air a dheagh chòmhdach le bòtannan-móra geala a chumadh tioram e suas seachad air na glùinean. Bha sòla na geòla fliuch le uisge, is bha oiteagan gaoithe gu math fuar a' nochdadh a-nall an camas far Rubha na Lice. Thug Aonghas crathadh air fhéin le fuachd, 's chuir e spàirn mhath air iomradh a-mach chun na h-acarsaid.

Bha sgoth aca air an robh *Reul na Mara*, ged a b'e an *Reul* a bu trice a theireadh iad rithe. 'Se seann sgoth a bh'innte a chunnaic latha na b'fheàrr. Bha i beagan is fichead troigh air a faid, le crann, seòl agus ràimh mhóra throma, a bhiodh a' bristeadh druim is gualainn Aonghais nuair a bh'aige ri cumail far a' chladaich 's iad a' togail nan cliabh-ghiomach. Ach 'se Seonaidh a chaidh gu na ràimh an diugh nuair a cheangail Aonghas ròpa na geòla ris an acaire.

Thug iad an *Reul* a-staigh chun a' phuirt, far an robh Iain 'na sheasamh a' bruidhinn ri Murchadh Mór na h-Airde, a bha dèanamh air Dùn-bheagain 'na dheise Sàbaid. Chuir na balaich fàilte ghoirid air Murchadh, oir bha a' mhadainn a' triall 's bha iad a' faicinn sgùraigean dorcha, troma a' cruinneachadh 'san àird an iar air chùl Healabhal is shìos mu Eilean Chanaidh. Bha a' ghaoth a' falbh 'na h-oiteagan am bàrr na mara, agus bha coltas greannach, gruamach air an aimsir a-mach air doimhneachd far Rubha Idrigil. Ach nach bu choma, oir cuideachd bha na sùlairean agus na faoileagan ag obrachadh a-staigh an loch mu choinneamh na Sgal Bhàin, creag mhór liath a thuit bho chionn bliadhna no dhà air ais. . . . 'S bha Camas Bhranndarsaig thall a' glagadaich le fuaim nam faoileagan 's Mac-talla gan cuideacheadh.

Dh'éigh iad ri Murchadh gu feumadh iad falbh mus tigeadh droch shìde. Rug na balaich air na lìn is chàraich iad suas a thoiseach na sgotha iad. Bha'n athair, Iain, 'na lùb shuas am bràigh a' phuirt an déidh droch chasadaich a bhith

30

air, agus an sac a' toirt anail bhuaithe. Thug iad sùil chùramach air, ach chrath e a cheann, 's e dèanamh greim air beul na sgotha.

Shlaod is phut iad an *Reul* throm a-mach bho'n laimrig. Ghabh Seonaidh ris na ràimh uair eile agus thog Iain agus Aonghas an seòl rithe. Lìon an seòl suas leis na h-oiteagan gaoithe far an rubha, agus ghluais an *Reul* a-mach seachad air Sgeir Mhic Mhàrtainn, air a' cheud tac air aghaidh na gaoithe, a-mach an dèidh an sgadain.

Shuidh Aonghas air na lìn, 's e a' toirt phartan beaga marbha as na mogail. Thug e sùil air ais air cladach a' Chamais Bhàin, is e faicinn Mhurchaidh bhuaithe, 's e air tachairt ri muinntir a' bhaile, 's iad a' dèanamh suas an Druim Dubh air rathad Dhùn-bheagain. Smaoinich e ris fhéin gu robh e'n dòchas nach biodh iad fada, 's e air fàs cho fuar 's cho mì-chneasda. Ach 's beag a bha dh'fhios aige gu dé bha roimhe.

Ghluais an *Reul* a-mach

31

7

Fhad 's a bha Aonghas a' cur seachad a thìde a' glanadh phartan is feamainn bheag a mogail nan lìon, bha Iain 'na shuidhe shìos aig an stiùir a' coimhead a-mach air an Rubha. Bha Seonaidh 'na shuidhe air sòla a' coimhead a-null air Ròag, far an robh e a-raoir a' suiridhe air caileig shnog, a chòrd gu math ris. Bha gillean Chlann-a-Phì riamh toilichte a dhol a shuiridhe an Ròag—ach nach eil e annasach, cha tug duine aca bean riamh as. Bha Seonaidh a' tighinn suas ris an fhichead bliadhna, agus bha muinntir an àite an làn-dùil gum b'e balach laghach, treun a bh'ann—gille gasda. Bha e math air òran a sheinn, 's e làn ciùil. Bha e càirdeil, coibhneil 'na dhòigh, 's bha sùil té no dhà as a dhéidh feadh na sgìre. A-measg a chompanach bha e treun agus comasach air obair is air cleasachd. Bha e fìor mhath air snàmh is air iomain. 'Se balach fìor-ghlan a bh'ann an Seonaidh Og Mac-a-Phì, is bha an saoghal mór air thoiseach air.

Chum am bodach tac an déidh tac air an *Reul*, 's e a' dèanamh a-null gu cladach Idrigil, far an robh coltas fìor mhath air sgadan. Bha earbsa mhór aige gu faigheadh iad luchd math de sgadan an diugh, oir bha a bhean ag obair air a' bharaille shaillte mu dheireadh de sgadan na bliadhna roimh sin. Bha na lìn-bheaga aca air grodadh, 's cha robh airgead aige feadhainn ùra a cheannach roimh'n Bhliadhn' Uir. Cha bhiodh ann dhaibh ach a bhith an déidh nan adagan leis na sgrìobain air a' gheamhradh seo—nas lugha na gheibheadh iad còrr mór a bharrachd sgadain 's a bha feum aca fhéin air 'sa bhaile. Ma bha còrr mór ann dh'fhaodadh iad a dhol sìos rathad Dhùn-bheagain le each is cairt dheth, agus dhèanadh iad sgillinn no dhà air an sin. Dhèanadh a bhean 's na balaich sogan ri sgillinn no dhà, oir bha sporan Iain gu math lom.

Choimhead e a-mach roimhe air an rubha, 's dh'fhairich e boinne uisge no sneachda a' bualadh air a mhala. Tha coltas an droch shìde air gu dearbh, agus cha chreid mi nach bi geamhradh cruaidh romhainn, ars' Iain ris fhéin. Tha na bliadhnaichean a' tuiteam trom orm fhìn, 's mi cho tric le cion na h-analach. Tha na balaich a' fàs cho luath, 's iad a dhìth siud is seo a h-uile seachdain. Tha Tormod fhéin a' bruidhinn air falbh gu chosnadh, agus 'se peacadh a th'ann dhomh a bhith ga chumail aig an taigh airson mo chuideachadh nuair nach eil mi fhìn gu math. Ni càch an dìcheall dhomh, ach tha mo neart uairean a' falbh bhuam. O, nam b'e an diugh an dé, 's beag a chuireadh e orm a bhith a' tarraing air lìon 's e làn sgadain.

Bha fras throm de chlach-mheallain thall ud air gualainn Healabhal, ach 'sann a bha a' ghaoth air cnàmh sìos, 's cha robh an seòl gu feum mór sam bith airson an *Reul* a thoirt air adhart. Dh'éigh am bodach air na gillean ràmh an duine a chur a-mach, 's rinn iad seo. Cha robh Aonghas air a dhòigh, 's e coimhead suas air an t-seòl mhór nach robh a' dèanamh cuideachadh sam bith.

Ach stad! Bha na faoileagan a' dèanamh a-null an loch air Eilean Heàrrlois, 's na sùlairean cuideachd. Bha an sgadan a' gluasad air falbh bho'n chladach thall 's a' tighinn a-staigh gu tanalachd. Dh'éigh Aonghas seo ri athair, ach bha sùilean glé gheur aig a' bhodach cuideachd, is thòisich e air an *Reul* a stiùireadh a-mach gu cùl na Sgeire Duibhe, am bun caolas Eilean Heàrrlois agus mu choinneamh Sgeir an Aiseig, far am biodh iad a' cur chaoraich an eilein air tìr. Bha e'n inntinn Iain gun cuireadh iad a-mach na lìn air tanalachd teann air an sgeir 's gun glacadh iad an sgadan, a bha a-nis am follais a' cluich am bàrr na mara a-nall an loch 's a' dèanamh air a' chaolas.

Dh'éigh e ris na balaich mar a bha 'na inntinn a dhèanamh,

33

is leum iad airson na lìn fhaighinn deiseil. Cha robh iad fada sam bith air falbh bho'n àit' iasgaich, ach cha robh deò gaoithe ann. Chuir buille no dhà de na ràimh air àite math iad, is phaisg iad an uair sin na ràimh suas dha'n toiseach. Ach bha an sgadan a' gluasad teann 's bha e riatanach na lìn a chàradh gun dàil, 's cha robh an tìde aca airson an seòl a phasgadh cuideachd.

B'e seo an rud a mharbh iad.

Chan eil bàtaichean-siùil cho cumanta anns na h-Eileanan an diugh 's a bha iad an uair sin, agus tha e doirbh do dhaoin' òga an diugh a thuigsinn cho mì-dheiseil 's a bha e bàta mór, trom obrachadh leis na siùil mhóra throma a bh'aca. Ach ma bha aon leasan ann a bhiodh na bodaich ag ionnsachadh do sheòladairean òga, 'se nach fhaodadh iad a bhith a' fàgail an

Bha e riatanach na lìn a chàradh gun dàil

34

ròpa a bha an taice siùil ceangailte nuair a bhiodh iad ri
gnothach sam bith eile air bòrd, ach a' seòladh. Bha aca ris
an seòl a leagail an toiseach.

B'e sin an leasan a dhìochuimhnich Iain Mac-a-Phì, 's e 'na
chabhaig, an latha bha siud.

Bha cùram air na lìn fhaotainn a-mach, is iasg a ghlacadh
mus bristeadh air an t-sìde. Bha e sgìth, 's cha robh e a'
faireachadh ach truagh le cion na h-analach. Bha móran air
inntinn, eadar cor an teaghlaich is geamhradh cruaidh eile gu
bhith air a mhuin. Agus a-measg a dhragh . . . dh'fhàg e an
seòl ceangailte.

8

Cha robh ann ach rud gu math neo-chiontach air dòigh, 's cha do mhothaich na balaich dha na bu mhò. Ach fhad 's a bha iad a' càradh nan lìon dha'n mhuir, bha an *Reul* a' laighe gu math fada null le cuideam nan lìon. Bha iad an greim cho fìor mhór anns an iasgach 's nach do mhothaich iad idir dha'n fhras bheag a bha a' tarraing a-nall an loch, 's a' chlach-mheallain a' cur sad as a' mhuir. Bha oiteag làidir de ghaoith air cùl na froise agus 'sann ag amharc air corcaisean nan lìon a bha iad an uair a bhuail a' ghaoth seo an seòl aca.

Chuir i car dhith fhéin

Eadar cuideam nan lìon agus an slaodadh a thug a' ghaoth air an t-seòl, laigh an *Reul* a-null cho fada 's gun deach aon bheul dhith fo'n uisge.

Ghlac a' mhuir air an sgoth, 's i cho fada air a fiaradh, is chuir i car dhith fhéin.

Chaidh Iain agus a mhic a thilgeadh a-mach air a' mhuir ann am priobadh na sùla.

A-measg na h-ùpraid mu thimcheall far an deach an *Reul* fodha, thilg i suas ràimh, bascaidean, bocsaichean 's pìosan fiodha. Dh'éirich Aonghas am meadhon seo, 's a bheul làn sàil. Chaidh e 'na bhoil leis an eagal, oir cha do dh'ionnsaich e riamh snàmh. Thòisich e air plubadaich le chasan 's le làmhan, ach cha d'rinn seo dha ach a chur fodha uair eile.

Dh'éirich e a-rithist 's e cur a-mach 's a' casadaich le eagal a bheatha. Gu fortanach, bha e'n turas seo ri taobh ràimh, am bàrr an uisge, 's rinn e greim bàis air. Bha an ràmh mór agus thug e taic dha am bàrr na mara gus an d'fhuair e anail air ais. Sheall e mun cuairt dha airson a' cheud uair bho bhuail an tubaist iad.

Bha a' mhuir sìtheil gu leòr, 's gun ann ach glocail bheag. Cha robh fàireadh air an *Reul*, agus 's fheudar gun do shlaod i leatha na lìn nuair a chaidh i fodha, oir cha robh corcas no ceann-mara no lìon ri fhaicinn. Bha ràmh ann, is pìos fiodha no dhà, bocsa an siud 's bascaid thall ud.

Mhothaich e an uair sin gu robh athair a' snàmh a-nall g'a ionnsaigh, 's e a' slaodadh bocsa as a dhéidh.

Cha robh am bodach fada bhuaithe, ach thug e greis air snàmh a-nall. 'S gann gum b'urrainn dha bruidhinn nuair a rinn e greim air an ràmh aig Aonghas. Bha e a' casadaich 's a' cur a-mach, 's bha dreach cianail glas air aogais.

Smèid e ri Aonghas, oir cha robh an anail aige a bhith 'g éigheach, agus thuig an gille gu robh athair a' dol a dhèanamh oidhirp air snàmh a-staigh gu tìr, is Aonghas a shlaodadh leis air an ràmh.

'Se seo a rinn e, is Aonghas 'na leth-laighe air an ràmh.

37

Cha robh fad' aca ri dhol ach thug am bodach ùine mhór air, 's a neart ga fhàgail. Dh'éigh Aonghas ris gu robh Sgeir an Aiseig teann orra, seach an cladach, 's gum biodh e sàbhailte gu leòr an sin. Dh'aontaich athair agus rinn e ionnsaigh chruaidh. . . . Am beagan mhionaidean, bha iad suas ris an sgeir.

Aon uair 's gun do bhuail cas Aonghais air a' chreig, thilg e suas e fhéin as a' mhuir gu bàrr na sgeire. Thionndaidh e airson a làmh a shìneadh dha athair, ach bha'm bodach a' tionndadh, 's e sealltainn a-mach gu muir a-rithist.

'Sann an uair sin a bhuail an nì eagalach fuar air inntinn Aonghais—càit a bheil Seonaidh?

Anns a' chunnart 's leis an eagal, cha robh guth aige air a bhràthair chun an dràsda.

Ach cha b'eagal do Sheonaidh—nach robh esan na b'fheàrr air snàmh na duine ann a Heàrrlois, 's e mar an ròn aig an Tràigh Bhàin, thall ud aig an Eilean? Ged a dh'fhaillich e air snàmh ionnsachadh do Aonghas, cha

Thilg e suas e fhéin as a' mhuir

b'urrainn nach robh Seonaidh sàbhailte—'sann a bhiodh e air tìr a-nis?

Sheall Aonghas a-staigh gu cladach Rubha a' Chaolais, ged a bha fios aige glé mhath nach dèanadh Seonaidh e fhéin a shàbhaladh is duin' eile an cunnart. Cha robh duine beò ri fhaicinn.

Thionndaidh e rithist agus 'sann a bha am bodach a' snàmh air ais a-mach gu muir.

Dh'éigh e àird a chlaiginn ris a' bhodach a thilleadh 's chual' e freagairt lag as an do thog e dà fhacal—"Seonaidh" agus "bòtannan."

Dh'fhàs Aonghas fuar 'na mhisneach nuair a thuig e gu dé a bha athair a' feuchainn ri innse dha. Ged a bha Seonaidh òg, treun agus làidir 's mar an ròn anns a' mhuir, mur d'fhuair e cothrom na bòtannan móra geala ud a thilgeadh dheth lìonadh iad suas le uisge, 's rachadh e fodha leis a' chuideam aca. Cuideachd, bha cuimhn' aige gu robh Seonaidh air a thilgeadh a-mach glé theann air an lìon nuair a chaidh car de'n *Reul*. Ma chaidh a ghlacadh ann am mogail nan lìon, cha bhiodh cothrom aige idir e fhéin a shàbhaladh. Cha bhiodh e ach mar chuileig ann an lìon an damhain- *SPIDER* allaidh.

Thàinig na smaointean seo thuige an tiota, 's chaill e a mhisneach gu grad. Dh'éigh is dh'éigh e, àird a chlaiginn, ach an cluinneadh cuideigin e 's an dèanadh iad cobhair air—ach 'se Mac-talla a rinn freagairt, cuide ri gàir nan tonn agus mèilich nan steàrnan 's nam faoileagan os a chionn.

Ach càit an robh am bodach?

Ged a bha fios nach robh idir dòigh air gu robh Seonaidh ach fo na tonnan, bàite, tha e a dh'aindeoin sin ri thuigsinn gu robh Iain truagh, athair, deònach a shireadh, 's e a' bristeadh a chridhe a' snàmh a-mach chun na *Reul*.

Gu dé bha e dol a dhèanamh nuair a ruigeadh e a-mach, có aige a tha brath? Cha robh fios aige fhéin—tha sin cinnteach—ach dh'fheumadh e feuchainn.

39

Eadar tinneas, aois is laige an déidh dha Aonghas a shàbhaladh, 's fheudar gun tug Iain truagh thairis, oir am beagan mhionaidean cha robh e ri fhaicinn; is bha Aonghas air fhàgail leis fhéin 'na sheasamh air a' chreig, gun ghuth aige le tùchadh a sgòrnain, agus na deòir a' ruith sìos air a pheirceal.

Cha robh ann ach deich mionaidean bho'n a thòisich iad air cur nan lìon.

9

Chan eil fios aig duine gu dé na smaointean garbha a dh'fhuiling am balach òg 'na sheasamh air an sgeir anns an ath uair a thìde. Bha a' mhuir a' tràghadh, agus bha fios aige gum biodh an caolas beag eadar Sgeir an Aiseig agus tìr staoin gu leòr dha faotainn a-null gun snàmh, an ceann uair a thìde. Ach cha b'urrainn dha sin a dhèanamh fhathast. Cha b'urrainn dha suidhe na bu mhò, oir bha tonnan fhathast a' bristeadh air bàrr na sgeire.

Bha a cheann 'na bhoil 's bha e air chrith leis an fhuachd, 's le crithean eile air fheadh leis an uamhas a' tighinn thuige gu robh athair 's a bhràthair bàite.

Rùisg e dheth a pheitean agus dhall e as beagan de'n uisge mus do shlaod e air ais air a ghualainn e. Bha e air té dhe na brògan aige a chall anns an ùpraid, 's bha fuil a' ruith sìos air a bhriogais far an do shrac e a ghlùin air sgreagagan na creige. Ged a bha e beò 's e sàbhailte, cha robh Aonghas truagh ann an staid ro mhath.

Bha cùisean cho dorcha 's a ghabhadh a bhith. Bha e mionnaichte 'na inntinn nach d'fhuair Seonaidh cothrom idir e fhéin a shàbhaladh, 's gum b'fheudar gun deach a bhàthadh gu math luath.

Ach saoil an robh dòchas ann fhathast dha'n bhodach? Bha na h-uibhir de bhascaidean 's de bhocsaichean 's de phìosan fiodha am bàrr an uisge a-muigh an siud fhathast; agus 's dòcha nach robh e a' faicinn ceann a' bhodaich air sàilleabh gu robh e a' gabhail anail, 's greim aige air bocsa. Bha Aonghas 'na bhochdainn a' dèanamh greim air nì sam bith a thogadh inntinn suas; ach ged a bha, 's math a bha fios aige nach robh an seo ach dòchas gun móran dùil.

41

Thàinig fras throm uisge, 's flinne sneachda as a déidh, a-nall an caolas, agus thòisich e air a làmhan a bhualadh air gach taobh dheth airson blàths air choireigin a chur 'na chorp. Bha an tràigh ann, beag air bheag, ach bha'n caolas eadar e 's tìr fhathast tuilleadh is domhain dha. Bha e a' dol troimh inntinn gu dé idir a bha e a' dol a dh'innse dha

. . . a' tiormachadh an sgiathan a-mach bhuapa

mhàthair nuair a gheibheadh e dhachaigh. 'Se bròn a bh'ann dha fhéin mar a thachair, ach bha ise a-nis 'na bantraich gun fhear-taighe, 's gun a mac, Seonaidh. 'S bha fios aige gu robh i fìor ghaolach air Seonaidh. Bu bheag am bròn dha-san 's e òg, 's a bheatha fhathast mu choinneamh; ach bu mhór am mulad a bhiodh an taigh Chlann-a-Phì a-nochd, is gun dùil ri fear an taighe tilleadh, no idir am fleasgach òg.

Bha na nithean seo a' dol troimh inntinn an truaghain, gus mu dheireadh an do dh'earb e air aiseag a dhèanamh a-null gu tìr.

42

Thug e leis an ràmh airson taic a thoirt dha fhéin 'san oidhirp. Bha sin gu math feumail dha cuideachd, oir bha a' mhuir suas gu amhaich agus na clachan 's an fheamainn fo chasan gu math sleamhainn. Ach le beagan spàirn, rinn e an gnothach air an aiseag, agus ged a bha am feur shuas am bràigh a' chladaich tiugh le clach-mheallain, laigh e air fhaid airson tiota le osna bhochd.

Ach dh'fheumadh e gluasad, is dh'éirich e 'na sheasamh. Thionndaidh e aghaidh ris a' mhuir, 's choimhead e a-mach air an Sgeir Dhuibh. Bha sgarbh no dhà 'nan seasamh air an Sgeir 'san dòigh neònach aca, 's iad a' tiormachadh an sgiathan a-mach bhuapa. Cha robh fàireadh air an sgadan a bha iad a' lorg bho chionn beagan is uair a thìde, is bha a' ghaoth a' tighinn mun cuairt chun an iar-thuath, 's i fuar, biorach mar an sgian. Bha na pìosan fiodha 's na bocsaichean a' bragadaich air creagan na sgeire, 's cha robh dad eile ri fhaicinn.

Thàinig cnap 'na sgòrnan is na deòir teth 'na shùilean, 's thug e aghaidh air Heàrrlois 's an naidheachd bhochd a bh'aige dha mhàthair.

10

Dh'innis e fhéin seo uile dhomh-sa nuair a bha e suas am bliadhnaichean.

Ach cha do dh'innis e riamh dhomh ciamar a ghabh a mhàthair, 's an teaghlach, is muinntir an àite, an naidheachd an latha ud.

Bha na fir—móran dhiubh co-dhiùbh—shìos an Dùnbheagain, 's cha robh anns a' bhaile ach bodaich, cailleachan agus clann. Tha fios gun deach cuid aca sìos chun a' chaolais, ach gu dé a ghabhadh dèanamh. Ach cha robh nì ann ri fhaicinn.

Aig muir-tràigh, fhuaradh corp a' bhodaich bhochd shìos air creagan a' chaolais, ach cha robh fàireadh air corp Sheonaidh.

Mu dhà mhìos an déidh dha na tubaistean uamhasach seo tachairt, bha caileag òg as a' bhaile, Màiri NicDhiarmaid, dhachaigh airson latha no dhà a Eilean Mhuile, far an robh i ga cosnadh. Thug ise naidheachd dhaibh gun deach corp duin' òig fhaotainn air a' chladach an sin, agus coltas gur e iasgair a bh'ann. Ach cha robh dòigh air aithneachadh, oir bha a' mhuir air aogais a dhroch mhilleadh. Bha iad an dùil gur dòcha gur e an corp aig Seonaidh a bha seo, ach cha robh cinnt sam bith air sin, oir cha d'fhuair iad an corp aige riamh.

Bha bana-bhàrd a' fuireach anns an sgìre dha'm b'ainm Catrìona NicRath. Rinn ise bàrdachd a' caoidh Chlann-a-Phì, agus tha mi glé thaingeil gu robh cothrom agam na faclan fhaotainn bho bhean Choinnich ''a' Chanaich,'' ban-Leòdach a Ròag. Bha i gu math aosda nuair a fhuair mi na faclan seo bhuaipe, ach bha i òg, bòidheach air an latha a thachair seo do Chlann-a-Phì, agus i cuideachd gu math eòlach is measail air Seonaidh 's a bhràithrean.

BATHADH CHLANN-A-PHI

B'i siud an naidheachd mhuladach a chualas feadh na sgìr'
Thachair ann a Heàrrlois—gun do bhàthadh Clann-a-Phì.
Nach b'e siud na ràmhaichean air bàta dol bho thìr,
Ged b'e toil an Ard-Rìgh am bàs chuir iad a dhìth.

B'iad siud na fiùrain fhoghainteach, leis gach feum anns an robh buaidh,
Is iongnadh air gach duine mar bha'n taigh a' sìor dhol suas;
Ach ghearradh as ri mionaid iad, 's cha b'ann air druim a' chuain,
Ach ri taobh a' chladaich 'sann a thachair orra 'n uair.

Canaidh cuid a dhaoine ruinn—seadh, daoine baoth' gun ghò—
Nach robh beud air éirigh dhaibh mur biodh a' ghaoth cho mór;
Ach an Tì a cheadaich e, mar bha Rìgh na Glòir—
Ged bhiodh fèath nan eun ann, r'adh iad sìos dha'n chuan mhór.

B'i siud a' bhean bha muladach, 'na suidh' air tulachan fuar
'S i coimhead nan tonn ag éirigh, 'sa chuan a' beucadh shuas;
Ach ged a chaill i companach, tha a chòmhnaidh anns an uaigh—
Tha Seonaidh 's sruthan thairis air; cha chairich e 's cha ghluais.

Siud a' bhean a ghoirticheadh 's a lotadh leis a' bhàs,
'S i falbh ris na cladaichean a' bualadh bas a làmh;
'S i'n dùil gun tachair Seonaidh rith', air gainneamh no air tràigh,
'S eagal oirre gu faic i e, 's gun air ach dreach a' bhàis.

Cha robh mais' no modhalachd air gillean anns an sgìr'
Nach robh ort ri àireamh, o'n fhuair thu'm bàs bha claoidht';
Ach an té a dh'àraich thu, le sùgh a cnàmh air cìch,
Cha tùs dhi latha slàinte, no gu bràth dhol as a chinn.

Ach mar tha'n dàn ag innse dhuinn mu dheidhinn gach nì tha shuas,
Ge b'e àit' am bi e, gun cruinnichear e ri uair;
Ged b'ann am broinn an éisg a bhiodh a' leumraich feadh a' chuain,
Gun téid gach cnàimh 'na chéile dheth 'n latha dh'éigheas guth an Uain.

Chan fhada gus am bi ceud bliadhna ann bho'n a thachair
am bàthadh truagh seo. Tha iomadh atharrachadh air an
t-saoghal mhór bho'n uair sin, ach tha Heàrrlois an siud
fhathast 's tha Clann-a-Phì ann mar a b'àbhaist; oir ge b'e

45

àite dha'n téid iad, tha e mar chleachdadh aca a bhith tilleadh dhachaigh. Tha iad fhathast 'nan iasgairean cuideachd, agus tha coltas ann gu bheil a' mhuir anns an fhuil aca airson linn no dhà fhathast. Tha na bàtaichean aca eadar-dhealaichte ris an *Reul* nach maireann, 's chan ann tric a chì duine seòl air Loch Bhràcadail an diugh.

Shìos aig an Rubha, os cionn Sgeir an Aiseig, mu choinneamh na Sgeire Duibhe far an tàinig Aonghas air tìr, ghearr e fhéin faclan air aghaidh creige mu bhliadhna an déidh a' bhàthaidh. Chum e fhéin, a theaghlach, agus an uair sin na h-oghaichean aige, seo suas; agus bha cuideigin an còmhnaidh ga ùrachadh. Ach bha a' chreag a' cnàmh 's a' bristeadh, is air chor seo thog sinn càrn ann an 1976 leis na faclan air an gearradh ann an cloich chruaidh a mhaireas.

Tha e 'g innse dhaibh-san a leughas e gun do bhàthadh Iain Mac-a-Phì agus a mhac, iasgairean Heàrrlois, aig an àite seo anns an t-Samhainn, 1889.

Gum biodh Dia maille riutha.

46

Bliadhna nan Cragan

1

Ma bha duine agaibh beò is ag éirigh suas 'nur caileagan is 'nur fleasgaich òga bho chionn suas ri dà fhichead bliadhna air ais, bidh fios agaibh gu robh cùisean gu math eadar-dhealaichte air feadh an t-saoghail, is gu h-àraidh ann an Eileanan Siar Alba, seach mar a tha iad an diugh. Bha gaisgich nan Eilean, cuide ri gaisgich na dùthcha air fad, 's iad a' sabaid an aghaidh nan Gearmailteach, no an aghaidh nàimhdean eile, ann an dùthchannan céine air taobh thall an t-saoghail. Tha mi làn-chinnteach gu robh gach dùthaich de'n bheachd gum b'ann aice-se a bha na gaisgich a b'fheàrr, agus aig ceann an latha gum b'ann aice fhéin a bhiodh a' bhuaidh—nach ann mar sin a bhios cogaidhean an t-saoghail mhóir? Agus glé thric 'se iadsan a tha air am fàgail, 's nach do rinn cron do dhuine sam bith, as motha a tha faotainn de dhragh.

Iadsan nach robh ri cogadh, bha móran dhiubh anns na bailtean móra a' dalladh air uidheaman cogaidh a dhèanamh. Bha gach caileag 's gach fear nach robh an t-Arm ag iarraidh a' dèanamh airgead mór air seo. Nach neònach, smaointean-ach an rud e nach fhaicear mac-an-duine uair sam bith cho trang 's a bhios e nuair a tha e a' cogadh ri cuideigin. Nach bochd an rud gu feum sinn a bhith a' marbhadh càch-a-chéile ... ach sin mar a tha, 's mar a bha, 's mar a bhitheas, gus an tig sinn gu ciall.

Agus 'sann mar sin a bha aig an àm air a bheil mi a' bruidhinn, is cha robh air am fàgail air feadh nam bailtean beaga, agus gu h-àraidh a-mach air an dùthaich, ach daoine glé òg, a-measg dhaoine glé shean.

Bha an t-seann fheadhainn a' dèanamh mar a b'fheàrr a b'urrainn dhaibh, ged as tric a bha iad gu math sgìth 's gun

49

iad idir comasach a bhith dèanamh obair mar a b'àbhaist.

Bha iad cuideachd glé thric air am fàgail ri bhith a' togail 's a' comhairleachadh nan oghaichean aca—a bha tighinn dhachaigh as na bailtean móra gu bhith sàbhailte bho itealain-cogaidh nan Gearmailteach, a bha a-bhos a' dèanamh call mór a h-uile h-oidhche aig an àm ud.

Bha a' chlann 's na daoin' òga ag ionndrain am pàrantan, is bha iad tric glé dhoirbh an ceannsachadh agus smachd a chumail orra, oir bha dòighean nam bailtean gu math eadar-dhealaichte ri dòighean na dùthcha . . . gu h-àraidh dòighean na seann fheadhainn.

A-measg a h-uile trioblaid eile a bha 'nan cois, bha iomadh seanair agus seanmhair a' faighinn tàire leis na leabhraichean *Rations*. B'e seo leabhar le duilleagan beaga pàipeir, a bha ri fhaotainn airson gach anam anns gach teaghlach. As aonais an leabhair seo chan fhaodadh duine nì sam bith a cheannach, ge b'e ìm no brògan, feòil no siùcar, briogais no ola, suiteas no tombaca—dh'fheumadh tu an leabhar a bhith agad a bharrachd air airgead. Cha robh gainne airgid air duin' aca, oir bha a leithid de dh'obraichean ann air sàilleabh a' Chogaidh 's gu robh pàighidhean móra aig gach fear, 's gun dad ann a ghabhadh ceannach.

Bha biadh de gach seòrsa air na *Rations*; agus ged a bha mèirlich ann a bha a' gabhail brath air seo is a' dèanamh airgead mór air a' "mhargaid dhuibh," mar a theireadh iad, bha muinntir na dùthcha mar a bu trice onarach gu leòr gun a bhith a' lorg ach na dh'fhaodadh iad.

'Sann anns na bailtean a bha am biadh fìor ghann, 's chan ann air an dùthaich, oir 'sann ainneamh a bha cothrom aig luchd nam bailtean air dad fhaotainn ach anns na bùthan. Bha na Gaidheil, is na h-Eileanaich air fad, gu math na b'fheàrr dheth air na croitean aca, le cearcan, uighean, ìm is càise is gruth, iasg na mara agus 's dòcha pìos de dh'fheòil-caorach an dràsda 's a-rithist anns a' phoit.

Bha e gu math fada an aghaidh lagh an latha gu marbhadh

50

duine té dhe na caoraich aige fhéin airson poit, ged a bhiodh na ficheadan aige dhiubh. Bha aige, le lagh, an reic agus pìos pàipeir fhaotainn a dh'innse có ris a reic e iad. A dh'aindeoin sin, bhiodh e a' tachairt gum biodh molt no seann othaisg a' dol ri creig an dràsda 's a-rithist, agus 'se peacadh a bhiodh ann nach dèanadh duine feum dhiubh!

Tha cuimhne mhath agam fhìn gu robh banais gu bhith anns a' bhaile bheag againn an àm a' ghainne seo. 'Se fìor bhanais mhath a bh'innte cuideachd—banais-taighe, mar a chanamaid, agus 'sann ainneamh a tha a leithid a' tachairt an diugh.

'Se balach is caileag as an àite againn fhìn a bha a' posadh, agus a-measg dorchadas is cruadal a' Chogaidh b'e seo cruinneachadh cho taitneach 's cho toilichte 's a bh'aca bho chionn iomadh latha.

Chaidh fiathachadh a thoirt dha'n a h-uile duine anns a' bhaile, agus do chàirdean an luchd-pòsaidh ann am bailtean eile air feadh na sgìre. Tha mi de'n bheachd gu robh còrr

Nach ann an siud a bha a' chleasachd

51

math air ceud duine air a' bhanais co-dhiùbh. Seo ann an taigh-còmhnaidh cumanta le trì no ceithir a sheòmraichean! Nach ann an siud a bha a' chleasachd 's an fhealla-dhà—sinn fhìn a bha toilichte, is gun ghuth air cogadh.

Tha cuimhn' agam gu robh a h-uile duine de'n cheud a' faotainn cothrom suidhe aig bòrd agus dìnnear a ghabhail cuide ris an dithis a phòs, ach nach b'urrainn barrachd air fichead duine suidhe còmhla anns an t-seòmar seo. Mu'n àm a bha an "suidhe" mu dheireadh aca bha fear is bean na bainnse gu math rag; agus tha fios gu robh tuainealaich 'nan cinn cuideachd, 's iad a' gabhail deoch-slàinte cuide ris a' chòmhlan uile.

Bha biadh air a' bhanais ud nach fhaca mi fhìn no duin' òg eile aig an àm ud an taigh sam bith o chionn bhliadhnaichean, oir mharbh athair na mnà-pòsda dà mholt caorach a bh'aige airson gum biodh biadh gu leòr aig a' chomh-chruinneachadh. Cha do dh'iarr e cead air duine sam bith airson seo a dhèanamh; agus ged a bha e a' bristeadh an lagha, cha robh duine an siud a' dol g'a innse, 's gun iad a' faicinn dad ceàrr air aig an àm seo.

Ach bha aon chailleach anns a' bhaile nach d'fhuair fiathachadh chun na bainnse. Tha fios gum b'e dìochuimhne a chaidh a dhèanamh, oir fhuair a h-uile duine eile fiathachadh. Ach co-dhiùbh, ghabh a' chailleach anns an t-sròin e gu grad, agus 'sann a chuir i fios gu "fear nam putan geala" an Dùn-bheagain gun deach caoraich a mharbhadh gun chead. Rinn seo droch aimhreit anns a' bhaile iomadh latha an déidh sin. Ach sin mar a bhiodh a' tachairt.

A dh'aindeoin sin, 'se banais ainmeil a bha siud air feadh na sgìre. Chan fhada gus am bi dà fhichead bliadhna bho'n a thachair i, ach 's tric a bhios mi tachairt ri feadhainn a bha aice 's iad gu math òg, coltach rium fhìn, is their sin uile gum b'i a' bhanais a b'fheàrr a chòrd riamh ruinn.

Ged nach robh gainne de bhiadh de gach seòrsa aig a' bhanais, cha robh an sin ach gun do shàbhail muinntir a' bhaile iomadh nì air a son. Bha gainne ann ceart gu leòr aig àm nan *Rations*, ach gu h-àraidh gainne feòla. Bhiodh féill ann uair no dhà 'sa bhliadhna mar a b'àbhaist, shìos aig an Lòn Mhór; is bhiodh na dròbhairean, mar a bu dual, a' tighinn a Inbhir Nis agus a Inbhir Pheofharain. Ma bha beathach caorach no laogh no mart agad ri reic, dh'fheumadh e bhith air a sgrìobhadh sìos có ris a reic thu e. Sin mar a bha, ma-ta, aig àm nan *Rations*. Cha robh duine acrach, ach cha mhór duine nach gabhadh punnd no dhà de dh'fheòil a bharrachd nan robh i ri faotainn.

53

2

Bha mise 'na mo sgoilear caol 'sna làithean ud; agus coltach ri iomadh fear dhe mo sheòrsa, bha mi daonnan acrach. Bha mi air falbh o'n taigh ann an sgoil Phort-rìgh fad na seachdain, 's mi fuireach ann an aitreabh mhór ri taobh na sgoile cuide ri balaich eile as na h-Eileanan. Bhitheamaid a' tighinn dhachaigh mu uair 'sa mhìos, oir bha faraidhean air na busaichean daor gu leòr is cha b'urrainn dhuinn tighinn dhachaigh a h-uile seachdain.

Nuair a bhithinn dhachaigh bhiodh mo mhàthair mar cearc-ghuir, a' toirt dhomh gach nì a b'fheàrr na chéile a bh'aice a thaobh bìdh, 's i a' smaointinn nach robh mi faotainn leth gu leòr a-measg nan sùlairean eile anns a' *hostel*. Cha chreideadh i gu robh mise 'nam shùlaire cho sanntach ri càch nuair a bha biadh air a' bhòrd. Co-dhiùbh, tha mi deimhinn a-nis gur iomadh uair a bha mise, gun smaointinn, ag ithe nan *Rations* aice-se. Ach 'sann mar sin a tha màthraichean an t-saoghail.

Bha aon Di-haoine 's mi dhachaigh, toiseach an fhoghair, 's dùil againn ri m'athair tighinn air fòrladh. Bha e ag obair air bàtaichean luatha abhainn Chluaidh—anns an ''Skye Navy,'' mar a bha am far-ainm air na bàtaichean ud, is leithid de Sgiathanaich orra. Bhiodh e a' gabhail na trèana a Glaschu gu Malaig, agus an uair sin am bàta, an *Loch Neimhis*, suas gu Caol Loch Aillse, far an robh e faotainn carbad gu Sligeachan agus 's docha carbad eile a sin dhachaigh, no a Phort-rìgh. Ma bha duine a' dol air astar sam bith 'sna làithean ud, bha e uairean gu math doirbh, oir bha an t-Arm is an Néibhidh anns a h-uile h-àite. 'Sann aca-san a bha buaidh air trèana no carbad eile an toiseach.

54

Bha na h-Eileanan Siar cuideachd fo riaghladh nam buidheann sin, agus ma bha thu a' gluasad a-mach no a-steach o d'dhachaigh gu Tìr-mór dh'fheumadh tu cead fhaotainn bhuapa sin a dhèanamh. Mur biodh càirdeas aig duine bho Thìr-mór ri cuideigin anns na h-Eileanan chan fhaodadh e dhol a-null annta, ged a bu mhiann leis sin a dhèanamh. Bha sinn uile fo ghlais is fo iuchair, gu dearbh.

Ach air an latha àraidh seo cha robh dragh sam bith aig m'athair faighinn thar a' Chaoil, agus bha e dhachaigh tràth a dh'fheasgar cuide rium fhìn air a' bhus.

Choisich sinn sìos rathad na croite

Choisich sinn sìos rathad na croite bho'n rathad mhór, is sinn toilichte le chéile a bhith dhachaigh uair eile. Thàinig an cù a-nuas 'na ruith 'nar coinneamh 's e a' comhartaich, gus an do thuig e có sinn. . . . 'Sann a fhuair sinn fàilte mhór bhuaithe an uair sin.

Bha mo mhàthair toilichte ar faicinn, oir 'sann gu math

aonaranach a bhiodh i leatha fhéin, agus cùram na croite
oirre uile.

Bha gibhtean agus annas naidheachd aig m'athair dhuinn
agus chaidh am feasgar seachad gu luath 's gu càirdeil, is sinn
uile còmhla. Bho'n a bha dùil aig mo mhàthair ruinn le
chéile, rinn i oidhirp fìor mhath air dìnnear an oidhch' ud.
Bha brot tiugh de shùgh-circe ann, agus an uair sin a' chearc
fhéin le buntàta 's le càl is currain. An déidh sin bha
truinnsear mór againn le ùbhlan, orainsearan agus suiteis a
thug m'athair dhachaigh leis. Fhuair e na nithean annasach
seo dhuinn bho sheòladairean bàta Ameireaganaich a bha
a-staigh le saighdearan air abhainn Chluaidh. Sinn fhìn a rinn
an sogan riutha an oidhch' ud, oir 's fhada bho'n a chunnaic
sinn na nithean blasda ud.

Mus do ghabh sinn mu thàmh, bha coltas air an aimsir
a-muigh gu robh atharrachadh air an t-sìde mhath; agus ma
tha sibh eòlach air na h-Eileanan, tuigidh sibh gu bheil sinn

Seòmar beag fo'n sgliat

56

cleachdte gu leòr ri fèath nan eun a bhith ann feasgar agus stoirm dhearg gaoithe 'sa mhadainn. 'Se sin an seòrsa àite a th'annta. Tha muinntir nan Eilean an diugh ag éisdeachd gach latha ri *forecasts* na sìde bho bhalaich a' Bh.B.C., agus nach tric ceàrr iad. Bhiodh mo sheanair gach oidhche, mus d'rachadh e dha'n leabaidh, a' dol a-mach a thoirt sùil air an aimsir, ach gu dé bha romhainn a-màireach. Is cha chuala mi e bhith ceàrr riamh.

Bha mise a' cadal shuas an staidhre ann an seòmar beag fo'n sgliat, agus nuair a bha mi tuiteam 'nam chadal an oidhch' ud bha mi a' cluinntinn gairm na gaoithe, 's i a' glaodhaich gu math àrd mu'n cheann-shimileir. Ach bha mi sgìth 's cha robh am fuaim seo 'na annas dhomh, is chaidil mi.

3

Nuair a dhùisg mi 'sa mhadainn bha na h-uinneagan a' glagadaich le stoirm de ghaoith an iar-dheas, is frasan uisge cuide ris. Bha coltas gàbhaidh air Loch Bhràcadail, is a' mhuir geal leis an t-strì a bh'oirre. Bha i bristeadh shìos ud air Sgeir a' Ghrùinns, le faram garbh agus sad aice suas air chùl na bàthcha. Cha bu latha e do dhuine no do bheathach a-muigh; agus chaidh e troimh m'inntinn, mar as tric a chaidh, gur mi a bha fortanach a bhith air tìr an diugh. An dèidh ar bracaist chuir sinn umainn aodach freagarrach, is chaidh mi fhìn is m'athair air cheum suas am baile a choimhead air mo sheanair, a bhiodh gu mì-shunndach air tìr an diugh leis an droch shìde. Cha b'ann tric a bhiodh seo a' tachairt, oir bha e gu math tric a-mach aig cléibh-ghiomach nuair a bhiodh iasgairean eile aig an teine. Ach bha an latha seo fìor ghàbhaidh.

Bhiodh driobhag air cuideachd nach robh e a' faighinn a-mach gu cléibh an diugh, agus iomnaidh cuideachd gum biodh cléibh gam bristeadh 's a' mhuir gan sadadh suas air na creagan.

Fhuair sinn e 'na shuidhe 'sa bhothan bheag aig ceann an taighe, far am biodh e a' dèanamh chliabh 's a' càradh nan lìon. Bha teine mór mòna aige air, agus craos air le teas . . . 'se fhéin a bha comhfhurtail air droch latha. Saoileam gu faic mi fhathast an seòmar beag blàth ud, 's gu fairich mi na fàilidhean aige 'nam shròin cuideachd—fàileadh nan ròpan tearra 's an driamlaich a bh'aige airson mogail lìn nan cliabh a shnìomh . . . fàileadh na mòna a' losgadh 'san teine . . . fàileadh fiodh air na sparran a bha deis airson bonn a chur air cliabh, agus cuide ris na slatan calltainn air am pasgadh deiseil airson na cléibh a dhèanamh . . . fàileadh ola 's fàileadh sgadain saillte ... fàileadh tombaca agus fàileadh snighe. Is e fhéin, mo sheanair, 'na shuidhe le chùl ris an teine 's aghaidh ris an uinneig, cliabh air a ghlùinean agus snàthad a' snìomh 'na làmhan, 's e cur crìoch air sùil a chàradh dha'n chliabh.

Chuir e fàilte bhlàth oirnn is dh'iarr e oirnn suidhe. Rinn sinn seo, air pocannan 's air bocsaichean a bha air feadh a' bhothain. Rinn sinn crachd airson greis—gus an do dh'fhosgail an doras air Ruairidh Beag, am posta, leis na

Dh'fhosgail an doras air Ruairidh Beag

litrichean. Bha teaghlach mór aig mo sheanair a bha sgapte anns gach àite ri linn a' Chogaidh, agus bha iad dìleas gu bhith a' sgrìobhadh dhachaigh a dh'innse ciamar a bha dol dhaibh.

"Nach dùin thu'n doras, a Ruairidh," arsa mo sheanair, "no falbhaidh sinn leis a' ghaoith."

Ach dh'aithnicheadh tu air Ruairidh gu robh naidheachd

chudthromach aige dhuinn. Dhùin e'n doras le cabhaig is thionndaidh e, 's e labhairt.

"An cuala sibh gu bheil rocaidean ri'm faicinn a' dol suas dha na h-iarmailtean a-muigh ud air Chùl nan Gleann?" ...

'S mus d'fhuair duin' againn freagairt: "Tha muinntir taigh-soluis na h-Eiste de'n bheachd gu faod bàta a bhith an trioblaid mun cuairt air a' Gheodha Mhór, ach chan fhaic iad an cladach sin bho'n taigh-sholuis."

"Ma tha daoine ann am bàta air cladach Dhainnir ris an t-sìde seo," arsa mo sheanair, 's e coimhead a-mach air an uinneig, a bha a' ruith le uisge trom, "cha bu mhiann leam-sa a bhith cuide riutha."

Thuirt m'athair an uair sin gu faca esan an latha roimh sin *convoy* de bhàtaichean móra a' fàgail beul Chluaidh, is naidheachd ann gur ann air Murmansk agus Archangel an ceann a tuath Ruisia a bha iad a' dèanamh.

Bha iasgairean nan Eilean eòlach gu leòr air a bhith faicinn nan *convoys*, no loingeas bhàtaichean, a' falbh suas an Cuan Sgìth coltach ri caoraich air gualainn beinne, gan trusadh leis na bàtaichean-cogaidh 's iad cho luath ris na coin. 'S tric a bhiodh iomadh pìos fiodha, no uairean na bàtaichean beaga aca, a' falbh bhuapa air stoirm agus a' seòladh a-staigh air cladaichean nan Eilean. Bha fiodh de'n t-seòrsa seo glé fheumail do leithid mo sheanar airson iomadh nì, bho chléibh gu bhith togail gheòlaichean. Bhiodh iomadh nì annasach eile a' tighinn air tìr cuideachd—baraillean de gheir, togsaidean ola, cnapan móra de rubair 's mar sin. Bhiodh iadsan a bha ri siubhal nan cladaichean—'s bha na h-uibhir ris—a' faotainn duais airgid airson nan gnothaichean sin bho Oifis nan "Reacaichean."

"Ma 'se an *convoy* sin a bh'ann," ars' am bodach, 's e tilgeadh smugaid dearbhachd dha'n teine, "bhiodh i air a sgapadh a-muigh an siud a-raoir leis an droch shìde—air eagal 's gum buaileadh iad 'na chéile. Bha a' ghaoth fìor làidir a-raoir, agus bhiodh an oidhche gu math dorcha air doimhneachd a' Chuain Sgìth—do dhuine nach eil eòlach air cha b'e àit' idir e do bhàta trom.''

"Ach co-dhiùbh no co-dheth,'' lean e air, "mur téid cìobair Bharcasaig a-null monadh Chùl nan Gleann a choimhead far nan creagan àrda, bu cheart cho math do

. . . sùil gheur a-mach air an uinneig

mharaiche sam bith a bhith air tìr ann a Hiort ri bhith thall ud an diugh, oir 's beag as urrainn dhuinn a dhèanamh gus an cnàmh a' ghaoth mhór seo sìos. 'S tric muinntir an àite seo ag éigheach orm-sa gur mi'n t-amadan a' dol a-mach gu muir an droch shìde, ach cha d'rachainn gu bun a' Chamais Bhàin fhéin an diugh 's a' mhuir mar a tha i.''

Dh'fhalbh Ruairidh, is chaidh sinne steach a choimhead air mo sheanmhair 's air peathraichean m'athar, is rinn sinn céilidh.

Bha mo sheanair fìor shàmhach, rud nach bu dual dha. Chunnaic mi e uair no dhà a' toirt sùil gheur a-mach air an uinneig agus e 'g éisdeachd ri faram na gaoithe ceithir-thimcheall an taighe.

Mar a chleachd e riamh, thàinig e chun an dorais cuide ruinn nuair a bha sinn a' falbh; is ged a bha'n latha mì-chneasda, ghabh e ceum suas an rathad gu doras na bàthcha, far am faiceadh e a-mach gu Rubha Idrigil. Thionndaidh e ri m'athair.

''Feuch an tig thu nuas feasgar, a Dhòmhnaill, ma chnàmhas a' ghaoth sìos no ma chluinneas tu dad eile de naidheachd Ruairidh Bhig.''

Thuirt m'athair gun dèanamaid sin gu dearbh; agus le oiteagan garbha a' toirt spìonadh air tughadh na bàthcha, dh'earb sinn air dèanamh dhachaigh gu ar dìnnear.

Suas mu bheul oidhche, is an seòl-mara air tionndadh, chnàmh a' ghaoth sìos; agus ged a bha uisge ann fhathast, bha e sìor dhol an lughad, is a h-uile coltas gu robh an stoirm a' bàsachadh. Mar a gheall e, chaidh m'athair sìos gu Ceann a' Ghàraidh, taigh mo sheanar; agus ged nach robh mise còmhla ris 's mi thug g'an ionnsaigh an naidheachd a chuala mi thall an Ceann an t-Sàile, far an robh mi ag iarraidh nam pàipearan-naidheachd far bus a' Chaoil.

4

B'e seo mo naidheachd dhaibh.

Bha e coltach gu robh fear de chìobairean Bharcasaig air a ghlacadh leis an droch shìde an oidhche roimh seo thall aig Dìobadal, 's e trusadh chaorach. Bha bothan beag aca air a' mhonadh an siud dìreach airson a leithid seo de thubaist, agus bheireadh e dhaibh fasgadh na h-oidhche co-dhiùbh, oir bha iad iomadh mìle monadail air falbh bho Bharcasaig, no bho Ròag.

Bha Tormod an cìobair thall an siud co-dhiùbh, agus air feadh na h-oidhche chual' e fuaim garbh shìos air a' chladach de dhùdach bàta móir, agus chunnaic e corra theine rocaid a' lasadh dha'n adhar; ach bha an stoirm cho gàbhaidh 's nach fhaiceadh e dad eile, is uisge cho trom 's nach b'urrainn dha a dhol a-mach air doras. Cha robh dad ann a b'urrainn dha a dhèanamh co-dhiùbh, oir tha na creagan cho àrd ri mìle troigh air a' chladach seo.

Aig beul an latha nuair a thàinig soilleireachd, ged a bha an stoirm gu math àrd fhathast, thog e air sìos gu bàrr nan creag.

'Se chunnaic e'n sin ach bàta mór—cho mór 's a chunnaic e riamh—is an toiseach aice an greim air sgeir, 's na tonnan móra a' bristeadh thairis air an deireadh aice le sgailcean uamhasach. A-mach bhuaipe, bha bàta beag—am bàta-teasairginn a bhiodh a' sàbhaladh mharaichean a bha an cunnart; is gu deimhinn bha iad seo an cunnart. 'Sann a Barraidh a bha am bàta air tighinn, is tha e coltach gun d'fhuair an sgioba bonn airgid airson na rinn iad air an latha seo.

Bha iad gu math trang, 's iad a' togail sheòladairean na luinge móire air bòrd as a' mhuir is as na geòlaichean beaga agus a raftaichean a bh'aca. Bha na h-uibhir de na maraichean a' snàmh a-mach cuideachd, is seacaidean buidhe gan cumail am bàrr an uisge. Aon uair 's gu robh iad air falbh bho na sgeirean, cha robh a' mhuir idir cho gàbhaidh is cha robh iad an cunnart cho mór iad fhéin a bhàthadh.

'Se chunnaic e'n sin ach bàta mór

Bha coltas air gu robh a h-uile duine air bòrd air a fàgail; agus nuair a chunnaic Tormod na sgailcean a bha i a' faotainn air na creagan, mór 's gu robh i, cha chuireadh e coire orra. Ged a bha a' ghaoth fhathast àrd, bha bàta Bharraidh air a deagh thogail airson na h-obrach seo. Bha i gu math làn le sgioba a' bhàta mhóir, ach cha b'fhada gus an d'fhalbh i a-mach an aghaidh na gaoithe, 's iad a' dèanamh a-null air Tìr-mór.

Is bha am bàta mór air a fàgail an siud leatha fhéin air an sgeir. . . .

Bha tuilleadh 's a chòir de chathadh-mara a' sadadh dha'n aimsir shìos ud air na sgeirean airson gu faiceadh Tormod gu dé an t-ainm a bh'air an luing mhóir, is i air a fàgail cho tubaisteach. Bha i mór air leth. Bha i co-dhiùbh sia uairean na bu mhotha na bàtaichean-aiseig Mhic a' Bhriuthainn a bha a' seòladh eadar na h-Eileanan. Cha robh nì ri fhaicinn oirre a bheireadh barail dha có as a bha i. 'Sann glas no dubh a bha i, ach cha robh dath eile ri fhaicinn, no idir bratach—ach 'sann mar seo a bha bàtaichean aig àm cogaidh, is cha robh dòigh aige air feòrach có dha a bhuineadh i.

Thòisich iad air dèanamh phlanaichean!

Chan e bàta-cogaidh a bh'innte. Bha sin ri fhaicinn, ged a bha dà ghunna bheag air an drochaid aice, agus fear na bu mhotha shuas air an toiseach. 'S fheudar, ma-ta, gur e bàta-luchd a bh'innte, bàta bathair—ach gu dé an luchd a bha anns na tuill aice?

Bho nach robh dad ann a b'urrainn do Thormod a dhèanamh, is e còrr is seachd ceud troigh os cionn na mara, thionndaidh e a chùl air na chunnaic e is thog e air suas dha'n gharbhlaich, a' deànamh dhachaigh air Bharcasaig airson innse do mhuinntir an àite mar a thachair dha.

B'e seo mo naidheachd dhaibh, ma-ta, an oidhch' ud; agus nuair a dh'innis mi i thòisich iad uile air bruidhinn còmhla, ach gu dé a bha ri dhèanamh.

Gabhaidh mo leisgeul, ach na bithibh de'n bharail gur e daoine neo-thuigseach agus coma-có-aca a bha am muinntir baile Heàrrlois, no Ròag, no anns an sgìre an uair ud. Cha b'e; ach cho luath 's a chual' iad gu robh maraichean na luinge sàbhailte—oir cuimhnich, 'se maraichean a bh'annta fhéin air fad, is bha iad toilichte nach do thachair bochdainn sam bith dha na seòladairean—cha robh dad 'nam barail an uair sin ach gu robh bàta mór air sgeirean a bhristeadh 'na pìosan i am beagan làithean. Mus dèanadh neart na mara a cur as a chéile agus a cur fodha, bha iad an làn-bheachd gum b'fheàrr dhaibh sùil a thoirt oirre ach gu dé a ghabhadh sàbhaladh aiste.

Thòisich iad air dèanamh phlanaichean!

Ach 'sann a chuir Mór, mo sheanmhair, stad air a' mheòrachadh seo, is i a' cuimhneachadh dhaibh gu robh "an t-Sàbaid an Eabost"—facal a bhiodh aig na cailleachan anmoch air oidhche Shathuirne ach an stadadh daoine de'n obair, is Di-dòmhnaich gu bhith ann.

Bha an t-Sàbaid ann a-cheana, agus nuair a dh'éirich iad uile
tràth 'sa mhadainn bha an latha a b'àille ann, gun deò bheag
gaoithe air an loch.

Tuigidh duine sam bith a bhuineas dha na h-Eileanan cho
fìor dhoirbh 's a bha e do dhaoine matha an àite, nach
bristeadh an t-Sàbaid airson nì air thalamh, a bhith a' dol

. . . aon sùil air an eaglais . . .

a-null 's a-nall an rathad mór dha'n eaglais an latha ud . . .
aon sùil air an eaglais agus sùil eile air Idrigil is air
monaidhean Bheinn na Bonaid air slios Healabhal, ach gu dé
bha gabhail àite air cladach Chùl nan Gleann.

Theab nach tigeadh an latha gu ceann idir, am feasgar ud.

Greis an déidh dol fodha na gréine, agus sinn air ar suipear a ghabhail, thog mi fhìn is m'athair suas an rathad gu Ceann a' Ghàraidh. Bha e gu bhith dà uair dheug.

Thàinig fiamh a' ghàire air aodann mo sheanar nuair a nochd sinn a-staigh an doras, oir air thoiseach oirnn bha ochdnar eile! "Nach ann againn a tha an luchd-céilidh math a-nochd," ars' am bodach.

Bha Seonaidh Sheumais ann, Alasdair Ruadh, Iain Mór, Peadar Bàn, Calum Dubh, Tormod mac bràthar m'athar agus Dòmhnall agus Gilleasbaig Mac an t-Saoir, dithis bhràithrean a bha dhachaigh air fòrladh bho'n Arm. Bha iad ann cuideachd chomasach, agus a h-uile duine aca 'na mharaiche math. Bha deagh shùil aig a' bhodach air sgioba math a chur còmhla, is cha robh feum air faighneachd gu dé bha 'nam beachd. Aon uair 's gu robh dà uair dheug seachad, bha gach fear a' dèanamh deiseil.

Cha robh feum mór air aodach trom, oir 'se oidhche bhrèagha foghair a bh'ann agus gealach bhòidheach a' dealradh a-nall air bhàrr na mara. Bha mi fhìn a' coiseachd air cùl mo sheanar a' dol sìos chun a' chladaich agus chuala mi crònan beag aige ris fhéin, 's e a' gabhail "Màiri Bhinn Mheall-shùileach." Bha e 'na sheinneadair ainmeil agus siud an t-òran a b'fheàrr leis. Ach saoil có i, a' Mhàiri air an robh e cho déidheil? B'e Mór ainm na mnà aige!

Bha a' chuideachd air dèanamh suas gun toireamaid leinn an dà sgoth air an acarsaid—an sgoth mhór aig mo sheanair, dha'm b'ainm *Mórag* (gu dé idir a thachair do Mhàiri!), agus an sgoth aig Alasdair Ruadh, dha'm b'ainm *Marsaili*.

Cha tug sinn uile fada air dà gheòla a chur dha'n mhuir, agus am beagan ùine bha gach fear air bòrd nan sgothan a-muigh aig an acarsaid, agus coltas air gu robh réis gu bhith againn.

Bha an dà sgoth làn de dh'uisge na droch shìde, agus bha

68

móran taomaidh ri dhèanamh, agus tiormachadh eile mu thimcheall nan innealan. Rinn gach fear cabhag gus a bhith deiseil, ach 'se an sgoth aig Alasdair a ghluais air falbh o'n acarsaid an toiseach. Bha i a-mach seachad air Rubha na Lice, cop mu beul agus srann math làidir aig an einnsean, 's gun ghuth againne air gluasad. Bha m'athair, 's e a' guidheachan fo anail, a' dalladh air loinid an einnsean againne a chur mun cuairt. Dh'éigh am bodach ris e choimhead air na plugaichean, a bhiodh fluich. Rinn e seo, agus nuair a chuir e air ais iad dh'fhalbh an t-einnsean le srann air a' cheud char.

... a' dalladh air loinid an einnsean

69

Bha *Marsaili* air a dhol a fàireadh a-mach air chul na Sgeire Duibhe, ach bha srann math aig *Móraig*, 's i a' gearradh thonn roimhpe a-mach Loch Bhràcadail.

'Se loch mór farsaing a tha'n Loch Bhràcadail, agus bheir turas-mara bho'n Chamas Bhàn gu Rubha Idrigil leth-uair a thìde is còrr. Bha a' ghealach àrd 'sna speuran an oidhch' ud, ged nach robh i slàn fhathast, agus aon uair 's gun d'fhuair sinn a-mach seach an Sgeir Dhubh, bha *Marsaili* ri faicinn pìos air thoiseach oirnn 's i dol gu math. Ach bha sinne ga ruaig agus gach fear againn làn dòchais gun dèanamaid suas oirre.

Bha mo sheanar aig an stiùir agus greim aotrom aige air an ailm, ach a h-uile comas a thoirt do *Mhóraig* an réis seo a bhuinnig. Bha e cho eòlach air uile shruth is gluasad-mara nan cèarnan seo 's gun d'rinn e suas tìde mhór. Goirid mus do ràinig sinn staca Rubha Idrigil, bha Alasdair agus a sgioba cho teann oirnn 's gun dèanamaid éigh riutha.

Beag air bheag, thàinig sinn suas riutha; agus mus do chuir sinn a' chuairt air an Rubha bha sinn seachad orra, 's a' dol gu math.

'Se sealladh fìor uasal a th'ann a' tighinn far Rubha Idrigil agus a' nochdadh air Maighdeanan MhicLeòid, na stacan móra a tha 'nan seasamh suas anns a' mhuir an siud aig Cùl nan Gleann mu choinneamh Inbhir a' Ghàraidh. Tha iad air an deagh ainmeachadh, is iad cho coltach ri màthair is dithis chloinne 'nan seasamh le'n casan 'sa mhuir. Tha an té mhór fìor thlachdmhor, is i còrr math is ceithir fichead troigh a dh'àirde. Is chan eil a' chlann beag iad fhéin. Bu chneasda a bhith gam faicinn air feadh an latha, ach nam faiceadh tu iad air an oidhch' ud mar a chunnaic sinne, b'e sealladh e nach dìochuimhnicheadh tu.

Bha a' ghealach a' dealradh a-mach air chùl nam Maighdeanan is a-null an Cuan Sgìth air Uibhist a Tuath, Beinn a' Bhaoghla agus Uibhist a Deas, mar gum biodh an latha geal ann. Ach bha na stacan fhéin dubh, dorcha le

fiamh uamhasach oillteil, ar leam fhìn. 'Sann a chuir iad gnè
de dh'eagal orm, air dòigh, is gun mi cinnteach idir carson.
Laigh mo shùil air an stiùireadair, ach 'sann a bha esan trang
a' gabhail an aithghearr a tha eadar a' Mhaighdean Mhór is

Sealladh nach dìochuimhnicheadh tu

càch—caolas beag tana, cunnartach a tha soirbh gu leòr ri làn
àrd ach fìor mhì-dheiseil le droch chontraigh, nuair a bhios
an Sgeir Rapach am bàrr.
    Thionndaidh mi a choimhead air creagan àrda Inbhir a'
Ghàraidh os ar cionn, is fuaim an einnsean ag éigheach ri
Mac-talla shuas ud. Bha na faoileagan is na sgairbh a'
neadachadh shuas anns na spioraidhean ud, agus cha robh
iad air an dòigh idir leis an t-srann a bh'againn gan dùsgadh.
    ... Ach anns a' mhionaid sin nochd sinn a-mach cho fada 's
gu faiceamaid astar math air thoiseach oirnn—is b'e sin
sealladh nach dìochuimhnich mi gu bràth.

6

Shìos ud aig sgeirean dubha cruaidhe nam Flosannan, air an
taobh seo de Dhainnir, bha soitheach mór glas 'na laighe mar
gum biodh muc-mhara mhór uamhasach—is i cho fìor throm
's gu robh Maighdean Mhór MhicLeòid a' coimhead
meanbh.

'Se rud bochd, deuchainneach a th'ann do mharaiche a
bhith faicinn bàta sam bith, beag no mór, ann an cruadal
de'n t-seòrsa seo. Ach bha e gu h-àraidh fìor mu bhàta cho
sgoinneil ris an té seo, 's i 'na laighe briste, mar gum biodh
beathach air a dhroch leòn, 's gun choltas ann ach gum biodh
cùisean a' dol na bu mhiosa. Cha robh duine dhe'n sgioba

Long mhór an staid cho cunnartach

72

againn an oidhch' ud air nach robh beagan tàmailt a bhith a' faicinn na luinge móire seo an staid cho cunnartach; ach a dh'aindeoin sin, ma bha a' mhuir a' dol a thoirt a' bhàis buileach dhi, b'fheàrr dhaibh-san na b'urrainn iad a shàbhaladh aiste an toiseach.

Bha astar meallta eadarainn agus sgeirean rapach nam Flosannan. 'Si a' ghealach a bha gar mealladh air dòigh, agus thuig sinn gu robh againn ri dhol gu math dàn air na creagan is air na sgeirean ud mus fhaigheamaid teann air a' bhàta mhór. Ach bha an stiùireadair againn cho eòlach air a bhith a' cur nan cliabh anns na cùiltean seo 's gun d'rachadh e a-mach 's a-steach anns an dubh-dhorchadas fhéin gun chron.

Chum sinn romhainn, ach air ar socair, agus Alasdair Ruadh 'nar cois, a' lùbadh a-staigh air chùl Sgeir an Eireannaich (chan eil fhios có bh'ann-san?) Bha staimh fhada de dh'fheamain thiugh anns a' chaolas bheag seo a bha gu math buailteach air stad a chur air einnsean math, ach cha do ghlac sinn air dad dhith, is an ceann mionaid no dhà bha sinn suas teann air a' bhàta mhór, is sinn a' sealltainn suas air an deireadh aice.

Bha i snìomh air ais 's air adhart, ach ann an solus na gealaich bha'n t-ainm aice farasda ri leughadh, agus cuideachd am port as an tàinig i.

B'i seo an *Iurlana* a Montevideo.

73

7

Thòisich sinn uile air bruidhinn còmhla is air brosnachadh càch-a-chéile. Chan eil fhios gu dé a bha sinn a' dol a dh'fhaotainn air bòrd na *Iurlana*, is bha a bheachd fhéin aig a h-uile fear gu dé bu phrìseile na chéile.

Bha cuid 'nar measg nach robh a' dìochuimhneachadh mar a thachair bho chionn ghoirid air sgeirean cruaidhe Eilein Eirisgeidh, thall ud ri taobh Bharraidh, nuair a chaidh an long mhór am *Politician* air tìr ann a leithid eile de dhroch shìde. Is bha iad a' cuimhneachadh gun d'fhuair balaich nan eilean sin luchd innte nach fhacas a leithid riamh de dh'uisge-beatha fìor mhath, a bha air an rathad a dh'Ameireaga. Saoil idir an robh a leithid eile aca an seo?

Bha na fir òga—is tha mi cinnteach an t-seann fheadhainn cuideachd—'nam boil airson faotainn air bòrd na *Iurlana*; ach bha mo sheanair ro eòlach air cho fìor chunnartach 's a bha e streap a bàta beag gu ruige bàta mór, ged nach biodh i idir a' snìomh a-null 's a-nall mar a bha i seo, is an seòl-mara gu bhith tionndadh.

Dh'éigh e ri m'athair an t-einnsean a stad. Rinn esan sin, agus thall ri ar taobh rinn Alasdair Ruadh an ceudna.

Thuirt am bodach an uair sin, ann an guth àrd a chluinneadh càch os cionn fuaim na mara, gum b'fheàrr dhuinn fuireach tacan beag gus an tigeadh soilleireachd an latha agus cuideachd beul-tràghad, nuair a bhiodh an long mhór seo na bu chomhfhurtaile air an sgeir, is gun i snìomh cho mór. Cha robh duine an siud nach gabhadh a chomhairle, oir 'se fhéin am maraiche a b'fheàrr 'nam measg.

Shuidh sinn car tamaill, is sinn a' coimhead suas air sliosan àrda na *Iurlana*.

Nach i bha truagh ri faicinn, 's gun duine beò a' frithealadh dhi. Cha robh meirg sam bith ri fhaicinn air an iarann aice, mar a chithear air seann bhàta a bhiodh tric aig muir. 'S fheudar gu robh i ùr. 'Se smaoin a bh'ann gun tàinig bàta mór sgoinneil de'n t-seòrsa seo cho fada bho Ameireaga a Deas gu bhith air a bristeadh air a ceud turas-mara air sgeirean an Eilein Sgiathanaich.

An ceann beagan is leth-uair a thìde, bha a' mhuir air cnàmh is cha robh am bàta mór a' snìomh seach mar a bha i. Bha beul an latha gu math teann cuideachd, is e suas ri leth-uair an déidh a trì. Thall ud air chùl mhonaidhean àrda Thalasgair, bha beanntan a' Chuilthinn ri'm faicinn dubh-chruaidh ann an gathan laga an latha ùir. A-staigh ris a' chladach, chuala sinn comhart cuilein ròin, is shuas air na creagan àrda bha glagadaich aig na faoileagan 's aig na sgairbh air na neadan. Bha'n latha ùr air ghluasad.

Chuir sinn na ràimh an greim, is ghabh sinn a-staigh teann air an sgeir far an robh an *Iurlana* air a glacadh is far am b'fhasa dhuinn faotainn air bòrd, is am beul seo aice na b'ìsle.

Cha do thuig sinn cho mór 's a bha i gus an robh sinn a-staigh teann oirre. 'Nar laighe anns an dubhar aice, 's gann gu faiceamaid leus. Ach laigh sùil cuideigin air ròpa a bha slaodte rithe—'s cinnteach gur e ròpa a bha aig na maraichean 's iad a' dol a-mach air a cliathaich a bh'ann. Bhiodh greim taiceil aig an ròpa seo air bòrd.

Bho'n a b'iad an dithis a b'èasgaidhe agus a bu teinne air an ròpa, 'se Dòmhnall agus Gilleasbaig a' cheud fheadhainn a rinn streap suas air bòrd. Cha b'fhada gus an d'rinn iad fead ruinn tighinn air bòrd—gu robh a h-uile dad sàbhailte. Lorg iad àradh air a dheagh dhèanamh air ròpa agus thilg iad seo a-nuas thugainn anns an sgoth. Rinn seo an t-streap gu math soirbh. Bha a' mhuir air tàmh a ghabhail, is bha an sgoth sàbhailte gu leòr a ceangal is a fàgail gun duine air bòrd oirre. Rinn iad mar an ceudna air a' *Mharsaili*, agus le solus

75

na maidne ag éirigh oirnn sheas sinn uile air an deice aig an
Iurlana a' toirt sùil mun cuairt.

A' streap suas air an *Iurlana*

Tha mi làn-chinnteach gun tug e smaoin air càch mar a
thug e orm-sa, a bhith 'nan seasamh an siud air bàta cho mór,

is fios againn nach robh duine beò oirre ach sinn fhìn. Bha sinn gu math cinnteach nach robh duine oirre co-dhiùbh, ged nach robh sinn uile-gu-léir deimhinne.

Cha robh gliog no glag ach éigheach nam faoileagan shuas air na creagan agus brag aig uinneig a bha fosgailte, shuas ud air an drochaid aice. 'Sann a bha an t-sàmhchair ud a' toirt crithean aognaidh air Tormod òg, mac bràthar m'athar, 's e car an aon aois rium fhìn. Bheireadh e sùil a-null air a ghualainn, mar gum biodh e'n dùil ri eucorach air choireigin leum a-nuas 'nar measg.

Ach cha robh guth ri chluinntinn.

Bha Dòmhnall agus Gilleasbaig 'nan cabhaig, is cha robh iad fada a' lorg an rud a bha iad a' siubhal o thùs is o thoiseach. Bha tart air a' phaidhir ud bho'n a fhuair iad air bòrd, agus bha cuimis mhath aca, oir an tiota bha iad ag éigheach gun do lorg iad am *bond*. B'e seo àite glaiste air bòrd gach bàta móir de'n t-seòrsa seo anns am biodh an caiptean a' cumail deoch làidir—uisge-beatha, branndaidh is mar sin. Cha robh iuchair aca airson an doras fhosgladh, ach fhuair iad làmhadh mhór an crochadh air balla is sgleog iad an doras sìos is bhrist iad e.

Chan fhaca sinn móran de Dhòmhnall no de Ghilleasbaig airson greis an déidh sin, oir bha iad le chéile ro dhéidheil air an dram, agus 'se céilidh agus fealla-dhà a bha fainear dhaibh.

Bha a' chuid eile an dùil gu robh gnothaichean eile air bòrd na bu riatanaiche na'm *bond*, agus ghabh sinn uile air feadh na luinge. Chaidh mi fhìn 's mo sheanair suas na h-àraidhean chun na drochaid aice, is chaidh càch gu h-ìosal.

Bha droch char innte gu deas, agus bha coltas oirre gu robh toll innte gu h-ìosal air an sgeir far an do bhuail i an toiseach. Rinn an car seo na h-àraidhean gu math doirbh a bhith gan direadh, 's iad cho cas suas chun na drochaid aice; ach ged a bha am bodach sean bha e subailte, is an ceann mionaid no dhà bha sinn anns an taigh-chuibhle aice. Bha gach nì an seo 'na ùpraid, is coltas ann gun do theich iad uile far na drochaid 'nan cabhaig. Bha eadhon cupannan nan seòladairean 's nan oifigeach 'nan laighe an siud, far an robh

Bha droch char innte

iad a' gabhail strùpag, is na *charts* aca air a' bhòrd is 'nan càrn air an ùrlar, far an do thuit iad nuair a bhuail i.

Cha robh e a' toirt 'nam chuimhne ach sgeulachd na *Marie Celeste*—seann long a chaidh fhaotainn aon uair a-muigh air cuan 's gach nì mar a bu chòir dha bhith, ach gun sgeul air an sgioba.

Dh'fheuch mi fhìn dealbh a dhèanamh 'nam inntinn mar a thachair air an drochaid seo bho chionn dà oidhche air ais . . . fuaim na gaoithe a' glaodhaich a-muigh, is uisge a' dalladh air uinneagan na drochaid. Oifigich le cùram a' coimhead a-mach troimh sgleò nan uinneag, is iad a' tuigsinn leis gach mionaid nach robh cùisean mar bu chòir. Fiosan a' tighinn thuca air réidio iad cumail air falbh bho chàch-a-chéile anns a' *chonvoy* . . . dorchadas air thoiseach orra anns nach fhaiceadh iad leus. Bha iad an cunnart cianail, is bha fios aca air cuideachd, oir bha eadhon na h-oifigich a' call am misneach, 's cha robh air an drochaid ud ach buaireas. . . .

Is an uair sin, a-measg na h-ùpraid, cuideigin—'s dòcha an stiùireadair—ag éigheach le eagal, 's e faicinn a-mach roimhe sgeirean dubha ann an goil is smùid na mara. . . .

Eigheach . . . sgiamhail . . . bristeadh . . . sracadh iarainn . . . daoine 'nan ruith . . . daoine a' tuiteam . . . ràn aig a' *funnel* . . . ùpraid is aimhreit—'se ifrinn gharbh anns an robh iad an oidhch' ud, tha fios. . . .

Ach bha cuideigin ag éigheach, is thàinig mi air ais o m'aisling.

Ghabh mi fhìn 's am bodach sìos gu h-ìosal agus 'se m'athair a fhuair sinn, 's e an déidh seòmar-obrach a' charpantair a lorg. Bha'n t-àite seo làn de gach inneal-saoirsneachd a dh'iarradh duine, ach bha gach fear dhiubh le sgrìobhadh neònach air. 'S fheudar gum b'e Sìneach a bha 'san t-saor seo, is gach inneal leis an ainm aige air, is iad uile cho geur ris na ràsairean.

Bha gach fear a-nis ag éigheach an siud 's an seo càch a thighinn a dh'fhaicinn gu dé a bh'aige-san, gus mu dheireadh thall an d'fhuair cuideigin doras fhosgladh a-steach gu fear dhe na tuill aice.

Bha seo làn de charbadan beaga airm ris an canadh iad *jeeps*, agus cuide riutha té no dhà dhe na biastan móra cogaidh—tancaichean. Ann an toll eile fhuair sinn bocsaichean làn de ghunnaichean móra air an liacradh le grìs thiugh a bha iad a' toirt a dh'ionnsaigh nan Ruiseanach, oir bha sinn an làn-bheachd gum b'e sin an turas air an robh an *Iurlana*.

Ach 'sann an uair sin a dh'fhosgail sinn toll a bha làn de bhocsaichean fiodha, is gach fear dhiubh sin làn de chragain gheala.

Ach gu dé idir a bh'anns na cragain?

8

Chaidh m'athair a dh'iarraidh làmhadh an t-Sìnich, agus le buille no dhà dheth bha an siud againn gu dé bh'anns na cragain. Dh'éigh mo sheanair, a bha cho eòlach air biadh na Néibhidh aig àm a' Chogaidh Mhóir:

"*CORNED BEEF!*"

B'e *corned beef* a bh'ann cheana—na ceudan tunna dheth ann an cragain, sia puinnd am fear, agus sia dhiubh anns gach bocsa.

"*CORNED BEEF!*"

Ceudan tunna de dh'fheòil aig àm gainne—'sann a bha seo coltach ris a' Mhana a fhuair Clann Israeil o nèamh anns a' Bhìobull.

Cha b'e seo idir luchd a' *Pholitician* thall an Eilean Eirisgeidh; ach ged a bhiodh leithid Dhòmhnaill agus Ghilleasbaig fo ghruaim nach b'e, thuig càch uile nach e aobhar mulaid a bha seo idir, oir 's iomadh croitear acrach a dhèanadh sogan ris na cragain seo. Chaidh tuilleadh bùrrachd a dhèanamh an déidh seo ach gu dé eile a bha ri fhaotainn, ach an ceann beagan ùine thuig sinn gum b'e feòil a bu mhòtha a bha i a' giùlan, ged a bha i air a milleadh cho dona gu h-ìosal 's nach b'urrainn dhuinn a dhol dha na tuill aice uile.

Bha gach fear a' sireadh gu dé bheireadh e dhachaigh leis an toiseach—gu dé a bu riatanaiche na chéile, 's gun chinnt aca am maireadh an t-sìde ciùin, no an tigeadh bàta-cogaidh, no an t-Arm, no cuideigin eile a thoirt na bha seo air falbh bhuapa.

Cha robh fàireadh air duine an seo ach iad fhéin fhathast, ach le latha brèagha ciùin mar seo bha fios gum biodh iad a' cruinneachdh mar na seanganan an ceartuair.

Ged a bha Dòmhnall agus Gilleasbaig air am *bond* fhàgail, bha iad le chéile air an daorach a ghabhail, is cha bhiodh iad ro chomasach streap suas is sìos na ròpan, no rachadh am bàthadh. Bha fear an siud is fear an seo a' slaodadh bhocsaichean agus ultaich de gach seòrsa air an càradh am plangaidean, cleas nan ceàrdannan—aodach leapa, séithrichean, bratan-ùrlair, gleocaichean, aodach obrach, aodach oifigeach, botail de gach seòrsa, brògan is mar sin air adhart. Bha gach nì ga chàradh air deice na *Iurlana*—gus an robh e a' cur 'nam chuimhne nam Baraichean an Glaschu, far am biodh iad a' reic a h-uile dad aig féill!

Rinn na balaich suas an inntinn gum b'fheàrr dhaibh dèanamh air Heàrrlois leis na bha seo cho luath 's a ghabhadh dèanamh, agus gun tilleadh iad airson tuilleadh ge

82

b'e dé cho fada 's a mhaireadh sìde 's a dh'fhuiricheadh an *Iurlana* ri chéile, 's gun duine eile a' coimhead rithe.

Sin mar a thachair—is gun a bhith a' dèanamh mo sgeòil ro fhada, dhall iad air an obair seo fad na seachdain. Anns an àm sin chan fhac' iad duine beò a ghabh gnothach ris a' bhàta, is cha duirt duine eile guth mór no droch fhacal riutha.

B'fheudar dhomh-sa a dhol air ais do'n sgoil air madainn Di-màirt, ged a b'ann glé fhada an aghaidh mo thoil, 's gun mi deònach ach a bhith cuide ri càch aig an *Iurlana* ... ach chuala mi mar a thachair an déidh sin iomadh uair.

An latha an déidh dhuinn a bhith thall, agus nuair a chual' a h-uile duine anns an sgìre mar a bha, tha e coltach gu robh Loch Bhràcadail a' seòladh le *regatta* de'n a h-uile seòrsa bàta a bha riamh aig muir! Bha sgothan móra is bha eathraichean caola a Fiosgabhaig 's a Port nan Long; bha geòla no dhà agus seann long a theab a dhol fodha, 's i cho grod le bàirnich, a Ròag. Bha muinntir Ois, balaich a Uilinis is gaisgich a Dùn-bheagain, gillean òga tapaidh Ghleanndail agus eadhon feadhainn a Port-rìgh a-mach an siud, mar shùlairean a-measg fras sgadain.

'Se fìor iongnadh a bh'ann nach deach duine a bhàthadh, is iad uile cho dàn air gach bàta a lìonadh le cragain, gus nach robh cus àite air bòrd dhaib' fhéin. Bha iad am beachd gun toireadh iad an fheòil seo uile dhachaigh, is nach biodh an t-acras orra tuilleadh ged a mhaireadh an Cogadh bliadhnaichean. *END OF TAPE*

Bha iomadh sgeulachd ait ri h-innse mu dheidhinn tubaistean na *Iurlana* air an t-seachdain ud cuideachd, oir bha i a-nis ainmeil air feadh na sgìre, is gach taigh anns an àite loma-làn chragan 's na teaghlaichean a' reamhrachadh air *corned beef*. Cha chuala mi nach d'fhuair gach taigh 'san àite a roinn de'n fheòil. Chan eil cinnt agam an deach i gu Caisteal Dhùn-bheagain gus nach deach, ach cha chuireadh e iongnadh sam bith orm, oir có iadsan seach càch?

Bha cuid làn eagail gun tigeadh peanas air choireigin air

83

muinntir na sgìre airson a bhith a' toirt leotha an rud nach
buineadh dhaibh, is bha iomadh bean a' glaodhaich gu robh
"latha ri tighinn is latha ri pàigheadh." Ach bha na fir, a bha
air ais 's air adhart gu trang gu Cùl nan Gleann, coma de'n

. . . cho dàn air gach bàta a lìonadh

t-seòrsa bruidhne seo; agus bha cuid eile ro thoilichte crìoch a chur air a' *bhond*, is cha toireadh iadsan horo-gheallaidh air duine sam bith.

Bha an *Iurlana* fhéin a' gluasad suas agus sìos air an sgeir leis a h-uile seòl-mara, fad na seachdain. Bha e glé choltach gu robh an druim aice briste agus nach fhàgadh i na Flosannan gu bràth. Bha i suas agus sìos mar udalan, is a' mhuir ga sìor chàthadh as a chéile. Bha e ri fhaicinn, dhaibhsan a chitheadh i a h-uile latha, nach biodh i buan nan tigeadh stoirm eile. 'Se seo a bha a' toirt air daoine rianail a' bhaile gu fuasgaileadh iad aiste na b'urrainn dhaibh mus d'rachadh i gu grunnd na mara.

Chaidh iomadh bocsa de chragain a ghiùlan seachad air Maighdeanan MhicLeòid an t-seachdain ud, is chaidh iomadh gàire a dhèanamh air an tòir.

Tha e coltach gu robh aon sgoth, le sgioba gu math neònach, a' gluasad teann air slios na *Iurlana* agus gu robh aon laoch cho cabhagach faotainn air bòrd 's gun d'rinn e greim air ròpa a bha slaodte rithe mus do stad am bàta aige fhéin. Eadar slaodadh na sgotha agus snìomh na *Iurlana*, 's a chabhag fhéin, spìon an ròpa suas dha'n adhar e 's dh'fhàg e 'na chrochadh an siud e gus an d'fhuair e streap suas leis fhéin!

Bha latha eile air tìr—is tha cuimhne mhath agam fhìn air seo, is mi dhachaigh as an sgoil—nuair a chaidh naidheachd mu sgaoil gu robh luchd-Airm agus polasmain a' tighinn mun cuairt thaighean a' bhaile a shealg an robh dad aig daoine nach robh còir a bhith aca. Coltach ris na Barraich leis an uisge-beatha a chuir iad am falach anns na puill mhòna 's anns gach àite, chaidh sinne 'nar boil, is thòisich sinn air falach nan cragan 'nan ceudan anns na cruachan mòna, fo lobhtaichean, air sparran agus spirisean chearcan, ann an tughadh nan seann taighean—'s gach àite coltach eile!

Ach cha leigeamaid a leas siud a dhèanamh, oir cha tàinig duine a ghabh gnothach ruinn 'nar còir riamh.

85

Bha *corned beef* is bha *Irish stew* a-measg nan cragan, ach bha cuideachd cragain neònach eile ann nach do thuig daoine an toiseach. Nuair a dh'fhosgaileadh tu iad seo cha robh 'nam broinn ach cnap cruaidh, glas, mì-choltach mar gum

Falach nan cragan

biodh e air a dhol dona, agus 'sann a bha cuid ga thilgeadh a-mach air a' mhuir, 's iad an dùil nach robh feum sam bith ann. Ach 's fheudar gun do mhothaich cuideigin gum biodh e ag at nuair a bha e fliuch, agus gu fortanach dh'aithnich caileag òg dhachaigh as a' bhaile mhór gum b'e *dehydrated mutton* a bha seo—nàdur de dh'fheòil caorach air a prannadh 'na cnap. 'Se fhéin a bha blasda gu dearbh, nuair a bhruicheadh tu e an uisge goileach; agus mar a thachair,

86

'sann dheth bu mhotha a fhuair na daoine na dhe'n *chorned beef.*

Chaidh na cragain air feadh na sgìre, is an uair sin air feadh an Eilein is air feadh eileanan eile agus Tir-mór cuideachd. B'i an *Iurlana* a rinn am feum do mhuinntir Sgìre Dhiùirinis is Bhràcadail a' bhliadhn' ud.

Ach an ceann seachdain thàinig bristeadh air an t-sìde uair eile agus gruaim air an aimsir mu dheas.

Bha gach sgoth is gach long air a bhith trang airson làithean, is gun ghuth air cléibh no iasgach sam bith eile. 'S math a bha fios aca nach maireadh an t-sìde seo glé fhada.

Thòisich a' ghaoth air éirigh oidhche Di-haoine a-rithist, is bha stoirm ghàbhaidh ann Di-sathuirne.

Cha do ghluais bàta a-mach an loch fad trì latha, gus an do chnàmh a' ghaoth sìos air feasgar Di-ciadain. Chaidh mo sheanair agus sgioba de dhaoine an àite a-mach gu Cùl nan Gleann am feasgar ud.

Nuair a nochd iad far an Rubha, is air chùl nam Maighdeanan, thàinig iad am fianais chreagan móra Dhainnir uair eile . . . ach cha robh fàireadh air an *Iurlana.*

Ruig iad sìos chun na sgeire far an do chroch i, agus bha e ri fhaicinn an siud mar a thachair.

Bha am bàta mór cneasda seo, is i air a' cheud turas-mara aice, air bristeadh 'na dà leth. Dh'fhalbh an toiseach aice air doimhneachd taobh tìr na sgeire, agus a' chuid a bu mhotha dhith, an deireadh, a-mach gu doimhneachd na mara.

Cha robh sgeul gu robh i riamh air a bhith ann.

Air latha brèagha airson mìos no dhà an déidh sin, bha grunnd na mara a' dealradh geal le cragain, is na bocsaichean air sgàineadh an déidh dhi bristeadh suas. Chitheadh tu iad tiugh air gach taobh dhe'n sgeir.

Agus airson bliadhna no dhà an déidh sin, bha giomaich aibheasach mór, is cho math 's a chunnacas riamh, gan glacadh aig na Flosannan. An aon rud a bha neònach mu'n deidhinn, 'se gu robh na sligean aca dearg le meirg!

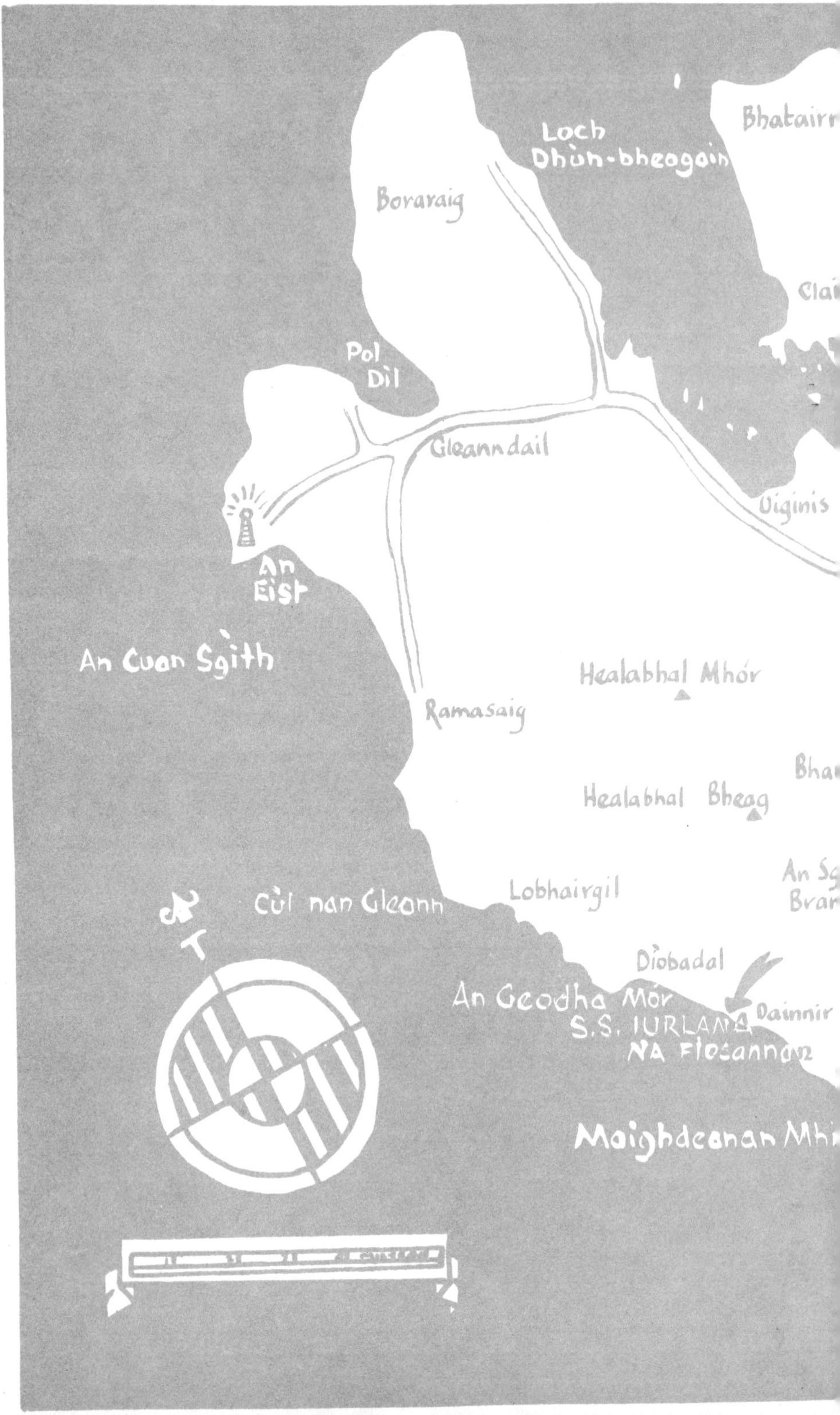
Loch Dhùn-bheogain
Boraraig
Pol Dil
Gleanndail
Uiginis
An Eist
An Cuan Sgìth
Healabhal Mhór
Ramasaig
Healabhal Bheag
Lobhairgil
Cùl nan Gleann
Dìobadal
An Geodha Mór
Dainnir
S.S. IURLANA
NA FIOSANNAN
Maighdeanan